Andrea Ziller

ICH KANN AUCH OHNE

DIE GESCHICHTE

EINER CHRONISCH KRANKEN FRAU

Über die Autorin

Liebe/r Leser/in, schön, dass du zu meinem Buch gefunden hast.

Hier möchte ich mich kurz vorstellen.

Mein Name ist Andrea Ziller, ich bin glücklich verheiratet und Mutter von 3 Kindern. Geboren wurde ich im Jahr 1976. Mit meiner Familie lebe ich im wunderschönen Lenggries, einem Ort in Oberbayern. Leben wo andere Urlaub machen.

Es gibt nicht viel von mir zu erzählen. Ich weiß auch ehrlich gesagt gerade gar nicht so, was ich genau schreiben soll. Mein Leben verlief normal, außer dass ich von klein auf immer wieder krank war.

Viele Ärzte haben mich in meinem Leben untersucht. Die Ursache zu finden war immer schwer. Im Kindesalter hieß es oftmals: Scheidungskind. Mein Papa hat uns verlassen, als ich 2 Jahre war. Als ich 13 Jahre war, ist er verstorben. Ich kannte ihn auch gar nicht. Immer wieder neue Erkenntnisse, eine neue Behandlung, ein Versuch, aber nie die Ursache.

Klinikaufenthalte, ambulante Untersuchungen, vielfache Arztbesuche.

In den letzten Jahren ist dann die Idee immer mehr gereift ein Buch über mich zu schreiben. Aufzuklären, was so eine chronische Erkrankung mit einem macht, was man so erlebt.

Ich persönlich finde es wichtig, auch nach außen zu zeigen, was es heißt, chronisch krank zu sein. Hinter die Maske zu schauen. Anderen Mut machen und vielleicht sogar jemanden helfen zur Diagnose zu kommen.

Was mir noch wichtig ist:

Ich bin keine Autorin, grammatikalisch ist das Buch sicherlich nicht korrekt. Es werden sich auch Rechtschreibfehler finden. Dafür ist das Buch zu 100 Prozent authentisch und noch höher prozentig ich! Und genau das soll es auch sein.

Keine Deutscharbeit, kein schriftliches Meistwerk.

Einfach nur: Mein Buch

So sehen mich meine Freunde

Da ich nicht wusste, was ich so über mich schreiben könnte, habe ich ein paar Statements meiner Freunde für euch:

Daniela

Andrea ist eine der stärksten Frauen, die ich kennenlernen durfte. Seit ich sie kenne (fast 12 Jahre) muss sie nur Kämpfen. Sie ist oft gefallen und immer wieder aufgestanden. Für sich und vor allem für ihre Familie. Sie ist eine Löwin, die für ihre Familie lebt und dabei sich Selbst manchmal vergisst. Andrea lässt nicht jeden in ihr Herz. Jedoch glaube ich, dass wenn man es geschafft hat, reinzukommen, man sehr behutsam damit umgehen muss, sonst fliegt man schnell wieder raus.

Tanja

Eine absolut bewundernswerte Persönlichkeit und Kämpfernatur.

Christiane

Als wir dich kennenlernen durften, hat dich meine kleine Tochter beim Essen mit Erbsen beworfen. Mit 2 Jahren hat sie damals schon gewusst, dass du toll bist. Auf das du mit Gesundheit und viel Glück beworfen wirst. Das hast du dir verdient. Du bist so eine starke Frau, die kämpft und trotzdem viel bewegt.

Regina

Meine liebe Andrea ist eine unfassbar tapfere Frau, die trotz der vielen gesundheitlichen Rückschläge nie ihren Lebensmut verloren hat. Manchmal vielleicht schon, aber sie zeigt es nicht. Ihre Stärke, ihr Optimismus und ihr nie endender Wille jede neue Hürde anzunehmen kann mich sie nur bewundern lassen. Ich bin sehr froh, dass sie meine Freundin ist und ich freue mich schon auf viele weitere Jahre mit ihr. Ich habe sie sehr lieb, und sie hat immer einen Platz in meinem Herzen.

Petra

Andrea, die Starke! Eine die immer lacht. Sehr hilfsbereit und für andere von außen nur über die Hülle betrachtet eine hübsche, bodenständige, fröhliche und glückliche Frau und Mutter! Innerlich eine mit sich selbst kämpfende Frau, die immer an sich arbeiten muss, um das Alles zu schaffen, was sie schafft. Immer mehr geben und kämpfen wie andere oft auch nur für Kleinigkeiten. Nicht sichtbar für andere! Eben eine die immer lacht!

Widmung

Dieses Buch ist für Menschen:

- die mich auf meinem jahrelangen Weg begleitet haben.
- die unter chronischen und/oder seltenen Erkrankungen leiden.
- denen man die Erkrankung nicht ansieht
- die mich verstehen.
- die meine Gefühlslagen kennen.

Ein besonderes Danke an:

- meine zahlreichen Ärzte
- meine Freunde, die geblieben sind.
- meinen neuen Weggefährten, die ich in den zahlreichen Klinik- / Reha Aufenthalten kennenlernen durfte.
- dem geistlichen Beistand

Aber ganz besonders möchte ich meiner Familie danken! Ihr habt es nicht immer leicht mit mir; müsst mich in allen Situationen ertragen. Ohne Euch alle gäbe es mich nicht so, wie ich bin!

Inhaltsverzeichniss

Vorwort

Ich kann auch ohne

Die Geschichte einer chronisch kranken Frau

Unter dem Schatten der Krankheit –

eine Lebensgeschichte.

Wie verändert chronisch krank sein das Leben?

Wie erlebe ich als Patient gewisse Situationen?

Hat es Vorteile, soviel Fachwissen zu haben?

Was werden die anderen über mich denken?

Die ungeschminkte Wahrheit aus meiner eigenen

Perspektive!

10.10.2020

Jetzt sitze ich hier mit einem leeren Buch.

Tausend Gedanken im Kopf wie ich es gestalten
und aufbauen möchte. Doch es fällt mir tatsächlich
schwer zu beginnen. So viele Jahre möchte ich erzählen von:

Der Geschichte meines Lebens

Seit ein paar Jahren höre ich immer wieder den Satz:
Sie sollten aufschreiben, was ihnen alles passiert ist.
Doch es gab ihn bisher noch nicht, diesen einen
besonderen Moment. Als ich heute in der Wyker
Buchhandlung stand, um mir mein Rehabuch zu kau-
fen, da sah ich es:
zartes blau mit weißen Herzen und der goldenen
Schrift:
Don't forget - do it
Gesagt getan oder besser gesehen gekauft.

Der Duft des Meeres.

Das Rauschen der Wellen.

Der sanfte Wind.

Was für ein Moment für den Beginn zu schreiben

Diagnose und Weg zur **Entscheidung**

Das Jahr 2020 ist ein verrücktes Jahr. Für mich hat es eine sehr große Änderung meines Lebens, meiner Gesundheit gebracht. Aber 2020 wird auch in die Geschichte eingehen. Im Februar kam ein Virus namens Covid19 oder auch Corona genannt von China zu uns nach Deutschland bzw. die ganze Welt war betroffen. Covid19 wird zur Pandemie. Wir Menschen haben Angst.

Anfang Januar war es für mich nicht mehr auszuhalten. Seit Oktober 2017 waren fast monatliche stationäre Aufenthalte für mich notwendig. Notarzteinsätze, eigene Fahrten in die Klinik, das gehörte zu meinem Leben. April 2018 ein Hubschrauberflug. Regelmäßige Termine in der chirurgischen Ambulanz im Klinikum Rechts der Isar. Es war bzw. ist mir immer eine Freude, wie man dort von Sr. Cola begrüßt wird. Ständig im Stress, vor allem den Patienten zu sagen, dass hier die chirurgische Ambulanz ist und nicht die Handchirurgie oder Notaufnahme. Doch warum schreibe ich Sr. Cola? Ganz einfach. Die Gute hat einen, für manche Menschen, unaussprechlichen Namen und es kommt vor, dass sie in sämtlichen Varianten angesprochen wird. Mitunter eben Sr. Cola. Als ich das das erste Mal mitbekommen habe, da musste ich so lachen. Und seitdem heißt sie auch bei mir so. Ihr möchte ich ein ganz herzliches Danke sagen, immer gut gelaunt, trotz Stress. Menschen wie Sie braucht es in so einer Ambulanz! Ebenfalls ein großes Danke gehört der Leitung der Ambulanz, der lieben Frau Dr.!

Beginnen wir mit dem Jahr 2020.

Januar 2020 war ich zur Pankreassprechstunde bei Prof. Friess im Klinikum Rechts der Isar in München. Prof. Friess ist eine Koryphäe im Bereich der Pankreaschirurgie. Die Entscheidung pro OP viel recht schnell. Es stand zusätzlich noch ein IPMN-Verdacht im Raum. Die IPMN (Intraduktale papillär-muzinöse Neoplasie) ist eine Unterart der zystischen Pankreasneoplasien. (Quelle Wikipedia). Es erfolgte ein CT-Abdomen und Leber. Ein CT war präoperativ bezüglich der Gefäßsituation sehr wichtig. Das MRCP (Untersuchung der Gallenwege und des Bauchspei-cheldrüsengangs durch Kernspintomographie). Das war wichtig bezüglich Bauchspeicheldrüse und die Lage. Am selben Tag habe ich dann meinen OP-Termin erfahren.

Stationäre Aufnahme am Montag, 24.02.2020. Rosenmontag. Der Geburtstag eines meiner sehr wichtigen Menschen in meinem Leben. Heiko - der

Lebensgefährte meiner Mama und für mich wie ein Vater. Meinen leiblichen Vater habe ich nie kennengelernt. Die einzige Erinnerung sind Bilder. Als ich 12 Jahre alt war, ist mein Vater an Leukämie erkrankt. Am 16. Oktober 1989 starb er daran - drei Tage nach meinem 13. Geburtstag. Es war ein Freitag der 13te, wo ich 13 wurde. Meine Mama hat mich allein großgezogen. Vaterersatz war mein geliebter Opa. Auch er war allein. Meine Oma habe ich auch nicht gekannt. Sie starb 1978 an Krebs. Unterstützung, das Mama arbeiten konnte, kam von meinem Opa, Tante Hilde und Onkel Hans. Mit Tante Hilde habe ich öfters meine Ferien bei ihrem Sohn verbracht. Dazu gibt es auch noch eine Besonderheit. Ich besitze sozusagen einen zweiten Namen, Resal (Theresia). So nannte mich mein Taufpate immer. Durfte auch nur er. Heute sagt er es auch noch gelegentlich. Durch seinen Beruf lebte er mit seiner Familie in verschiedenen Orten Deutschlands. Das war immer eine sehr schöne

Zeit. Besonders in Erinnerung ist mir der Urlaub in Zwingenberg geblieben. Wir waren in Maria Laach am Laacher See baden. Mit dem Nachbarsjungen habe ich sehr gerne gespielt. Der Besuch im Frankfurter Zoo war wieder typisch Resal. Ich glaube es war im Vogelhaus. Plötzlich bekam ich keine Luft mehr. Das war eine Aufregung, aber Tante Hilde hatte alles im Griff! Sie alle haben für eine wunderbare Kindheit für mich gesorgt. Dafür möchte ich mich von ganzem Herzen bedanken!

Hoffnung am Horizont

24.02.2020

Was habe ich für eine Angst in mir. Was kommt
auf mich zu?

Überlebe ich die Operation?

Ich muss dazu erzählen, dass ich mir öfters anhören
durfte die OP sei zu gefährlich. Ich spiele mit
meinem Leben. Also habe ich eine Patientenverfü-
gung geschrieben und auch einen Brief hinterlegt,
dass mir seitens internistischer Ärzte dringend abgera-
ten wurde.

Mittlerweile ist es Nachmittag. Zu Mittag bekam ich
noch etwas Leichtes zu Essen. 16 Uhr kam die
Schwester mit 1l Lösung zum Abführen. Sehr eklig
diese Lösung zum Abführen. Ich bewundere jeden der
das Zeug runter bekommt. Die Dame neben mir im
Zimmer musste 4l davon trinken. Schrecklich! Sie
trank das wie Wasser. Mir hat die Schwester eine

Lösung dazu gestellt - pappe süß. Johannisbeerge-
schmack. Auch nicht trinkbar. 500ml konnte ich trinken, mehr ging nicht. Es kam dann oben statt unten
raus.

Je später es wurde, umso größer die Angst.

Hörbuch, TV, Lesen und meine äußerst gesprächige
Zimmerkollegin haben es geschafft mich zum
Schlafen zu bringen.

7 Uhr morgens, Dienstag, 25. Februar 2020

Aufstehen, Duschen. Frühstück bekam keine von uns.
Eigentlich sollte es 8 Uhr losgehen.

Notfall - Verzögerung. Also bin ich nochmals unter
die Dusche. Warmes Wasser beruhigt. Dann stand
plötzlich die Schwester da - es geht los. Puhhhh, Puls
erhöht. Ab in das schicke Hemd. Strümpfe für Throm-
boseprophylaxe an, die SMS an Mama, dass es losgeht. WhatsApp an Robert und er informierte dann
über die erstellte WA-Gruppe den Rest. Handy aus,
Wertsachen einsperren und das Kissen einmal

drücken. Auf dem Kissen sind meine drei Kinder plus auf der Rückseite Dünen und das Meer von Sylt.

Fotograf Alex hat es mir ermöglicht ein Bild von den dreien zu machen. Spontaner Einfall. Los gehts in den 4. Stock. OP. Eine Achterbahn der Gefühle. Empfangen wurde ich von einem sehr netten Team der Anästhesie. Gestartet wurde mit dem üblichen Monitoring. Blutdruck, Sauerstoff und Herzfrequenz. Und dann kam der Teil, wo ich extrem Angst hatte. Das legen des Schmerzkatheters. Aufgrund meiner Unverträglichkeiten von Lokalanästhetika wurde eines ausgesucht mit der noch besten Verträglichkeit. Um eine allergische Katastrophe auszubremsen, wurden erstmal ein paar ml aufsteigend in die Haut gespritzt. Gut vertragen - los gehts. Also ich muss sagen, ein unangenehmes schmerzhaftes elektrisierendes Gefühl. Habe ich mir ehrlich gesagt anders vorgestellt. Und das Beste: es hat nicht funktioniert. Meine Wirbel sind zu eng. Auf zum fröhlichen Stochern. Was Schmerzen und elektrische Schläge zur Folge hatte. Bis in die Zehen zog das. Dann durfte der Oberarzt ran. Dasselbe Problem. Aber irgendwann hatten wir Erfolg. Ich durfte mich aus der buckligen sitzenden Lage endlich hinlegen.

Trotz der Tortur haben wir die gute Laune nicht verloren. Ein tolles Team war da am Arbeiten. Ja und dann ging es los. Was ich nicht kannte von anderen Operationen war der Aufkleber mit Elektroden zur Überwachung der Narkosetiefe. Die Vollnarkose besteht aus drei Komponenten: Schlaf (Hypnose), der Schmerzausschaltung (Analgesie) und der Muskelentspannung (Relaxation). Die Stadien werden mit speziellen Medikamenten, man nennt sie Anästhetika, eingeleitet. Das passiert über die Vene und/oder Atemluft. Mit Hilfe dieser Aufkleber wird eine zu tiefe oder zu oberflächlichen Narkose überwacht. Das Einschlafen verlief schnell. Die ekelhaft schmeckende Atemluft und der komische Geschmack durch das Spritzen der

Medikamente, ich finde das macht den doch schönen Moment des Einschlafens kaputt. Gleich nachdem ich in Narkose war, wurde der ZVK (zentraler Venenkatheter) gelegt. Das ist ein Zugang über den Hals in die Vena jugularis interna. Möglich ist er auch am Schlüsselbein, der Vena subclavia. Ich hatte den ZVK an der linken Halsseite. Rechts lag unter dem Schlüsselbein in der Vena subclavia mein Port. Der wurde auch angestochen. Aber ohne wirkliche Nutzung die ersten zehn Tage postoperativ. Neben den ZVK wurde ein Blasenkatheter gelegt. Da war ich sehr froh, dass dies unter Narkose erfolgt ist. Wer schon einen hatte weiß, wie unangenehm das ist. Also ich zumindest fand das nicht so toll. Anscheinend ist es auch nicht leicht bei mir. Und dann ging es los. Die ersehnte Verbesserung meines Gesundheitszustandes.

Dienstag, 25.02.2020 ca. 18 Uhr

Ihhhhh was ist das unangenehmes in meinem Hals?

Hallo Magensonde!

Dich habe ich aber nicht bestellt. Ich wusste es kann eine gelegt werden, hoffte aber anders. Naja, es war erträglich. Ich hatte nicht vor mich zu bewegen. Das war nämlich kein angenehmes Gefühl. Vorsichtig die Decke heben, nicht einfach bei den vielen Kabeln, Sonden, Beuteln, Blutdruck, Sauerstoffbrille, Magensonde, Blasenkatheter, Schmerzkatheter in der BWS, Wunddrainage. Was ich unbedingt sehen wollte: die Schnittlage. Bitte was? Die Schnittlänge/lage?

Was sind das bitte für Gedanken nach so einer großen und langen OP? Querschnitt über dem Bauchnabel. Jawohl, so wollte ich es. Der Abend verging mit schlafen, schmerzen, schlafen. Und dann wurde es Nacht. Der Nachtdienst stellte sich vor. Sehr sympathischer Arzt, Anästhesist. Ein unheimlich nettes Pflegepersonal, egal welche Schicht. Sie haben sogar die Betten von meiner OP-Kollegin (sie Pankreasschwanz, ich Pankreaskopf) und mir so gut es eben auf intensiv ging zusammengestellt. Wir haben trotz aller Umstände teilweise gelacht. Jede litt unter dieser Magensonde. Ihre wurde schnell gezogen. Es sollte keine gute Nacht werden. Es wurde eine Horrornacht für mich. Der PDK lief ja nicht. Er wurde bereits gezogen. Somit lief Dipidolor über die Schmerzpumpe. Aber meine Schmerzen waren stärker. Sie hatten Macht über mich gewonnen. Der Anästhesist kniete am Bett und sprach ständig mit mir. Lieb gemeint – aber Reden hilft nicht bei Schmerzen. Er hat einiges an Schmerzmedikation probiert – im Rahmen meiner zahlreichen Allergien. Ketamin sollte der Erfolg werden. Für mich ein Horrortrip. Ich schrie, träumte wildes Zeug. Sah Menschen die gar nicht mehr am Leben waren. Meinen Opa und Ralf. Sie waren da und es traten gedankliche Situationen auf. Zwischendurch erschienen rote, gelbe und grüne Kreationen. Marsmenschen? Die Intensivstation drehte sich, mein Bett wackelte, ich schrie und kämpfte im Delirium mit

Dämonen. Der Gedanke mich in ein künstliches Koma zu legen, wurde angesprochen. Meine Bettnachbarin hatte mir am Morgen erzählt, dass ich um mich geschlagen hatte und ständig geredet und geschrien. War mir das peinlich. Aber so ist es, wenn ein Medikament ein Delier verursacht. Eine Option hatte der Arzt in der Nacht noch. Und die war dann anscheinend für mich die Beste. Es wurde langsam alles "normaler" und ich konnte schlafen. Der Frühdienst kam und der neue Arzt meinte ich hätte seinen Kollegen alle Nerven gekostet. Natürlich habe ich mich gleich schuldig gefühlt. Mal ehrlich: muss ich mir da wirklich Vorwürfe machen, weil es mir nicht gut ging? Er hat ja rumprobiert, nicht ich. Aber so bin ich - immer erst die Schuld bei mir suchen.

Dann durften wir Besuch bekommen. Von meiner Nachbarin war der Mann da. Der Pfleger kam und sagte meine Mama und ihr Lebensgefährte wären da. Es darf jeder ca.15 Minuten kommen. Gut, dass mir vorher die Magensonde gezogen wurde. So wollte ich definitiv nicht von Mama gesehen werden. Reichte schon das bezaubernde Ambiente Intensivstation und dazu voll verkabelt, Drainage, Sauerstoff. Die Augen meiner Mama, nie werde ich diesen Blick vergessen. Sorge Liebe Angst - das sprachen ihre Augen. Was macht sie? Beginnt mich zu waschen. Gesicht, Arme, Hände. Was für ein Gefühl. Ich weiß nicht, ob ich das möchte. Meine Mama hat mich großgezogen, als Baby gewaschen, gefüttert, gewickelt, Aber jetzt bin ich groß, 43 Jahre und Mutter 3er Kinder. Doch so ist es. Ich bin machtlos. Dann durfte Heiko kommen. Auch ihm stand der Schreck des Anblicks von mir in den Augen. Doch er hat sich schnell gefangen und ein ganz normales Gespräch mit mir begonnen. Was aktuell in der Welt passiert und speziell bei uns in Bayern. Ja jetzt muss ich kurz abschweifen, aber das Thema wird sich noch öfters hier einschleichen. Wir befanden uns am 26.02.2020 in den Start einer Pandemie.

Unser Leben gerät komplett aus den Fugen. In Wuhan, China tobte das SARS-COV-2 auch Covid19 genannt. Erster bekannter Fall: 1. Dezember 2019 Wuhan, China Erster Fall Deutschland: 24.02.2020 Pandemieerklärung: 11.03.2020 Und wo war der erste Fall? In Oberbayern, in unserem Nachbarlandkreis Starnberg. Das dieses Virus unser aller Leben durcheinanderbringen würde war damals noch nicht so klar.

Am Mittwochabend kam ich dann auf Normalstation oder war es Donnerstag früh? Ich weiß es nicht mehr. Donnerstag kam mich mein Mann besuchen. Nähe zu mir fand er schlimm. Saß, soweit es ging, weg von mir. Ganz stolz erzählte ich, dass ich Mittag mit dem Physiotherapeuten aufgestanden bin und bis zur Waage am Gang nach vorne gelaufen bin. Das war richtig anstrengend – aber geschafft. Auf der Waage hat sich herausgestellt das ich massiv Wasser eingelagert habe. Man hat es mir aber auch angesehen. Wie ein aufgeblasener Luftballon habe ich mich gefühlt.

Da wurde mittels Entwässerungsmedikamenten per Infusion nachgeholfen. Abends hatte ich dann Fieber und es wurde eine i.v Antibiose angeordnet. Meine Stimme war auch komplett weg. Aber es hat auch seine Vorteile keine Stimme zu haben. Ruhe! Ob der da oben nachgeholfen hatte? Mich zur Ruhe zu zwingen – keine Telefonate. Die Tür geht auf und dann stand sie da. Mein Mann wusste wohl Bescheid. Meine Freundin Christiane ist zu Besuch gekommen. Oh was war das für eine große Freude. Wir sehen uns nicht oft aber immer miteinander im Herzen verbunden. Wir zwei Asthma Schwestern. Kennengelernt haben wir uns in Davos 2009. Beide waren wir zur Lungen Reha dort. Sie mit ihrer Tochter als Begleitperson und ich mit meinem Sohn, wir waren beide Patienten. Es war eine unheimlich schöne Zeit in der Hochgebirgsklinik Davos. Wir haben uns nicht aus den Augen verloren. Meine Süße, ich bin so froh dich kennengelernt zu haben. Du bist eine der wichtigsten

Menschen in meinem Leben. Umso größer war die Freude über deinen Besuch. Das war Seelenfutter pur. Das diese Operation nicht das Ende des Leidens werden würde wusste ich damals noch nicht. Tag für Tag habe ich mich durchgekämpft. Essen lernen mit der jetzt notwendigen Enzymsubstitution. Um einen Cappuccino zu genießen, benötige ich jetzt Enzyme (1g Fett 2000Einheiten LipaseEnzyme). Alles an Essen muss ich jetzt substituieren. Doch mir schmeckt nicht wirklich was. Der nette Professor auf Station sagte: Worauf haben sie Appetit? Cappuccino! Ist erlaubt. Das war eine Freude! Von der Ernährungsberatung bekam ich die leckeren Aufbaudrinks. Nicht die üblichen, wo es in den Kliniken gibt, nein es gab eine andere Marke und die ist bedeutend besser als die gewöhnlichen. Kaffee, Vanille und Erdbeere waren meine Favoriten. Dass die mich noch ein Jahr später begleiten würden, daran dachte damals niemand. In einer Nacht bekam ich, was ich damals noch nicht wusste, was es ist, eine Panikattacke. Mir war ganz komisch, ich war nervös, unruhig, mein Herz schlug schnell und gefühlt bis zum Hals. Ich weinte, hatte Angst. Schweißausbrüche, zittern am ganzen Körper. Meine Nachbarin war schon richtig genervt von mir. Ich sollte endlich mal ruhig sein, die Augen zu machen und schlafen. Ich wollte schlafen, aber es ging nicht. Mein Körper wollte mir nicht gehorchen. Dieser Zustand war so unangenehm und peinlich. Die Nachtschwester tat mir leid. Sie hatte eh schon viel zu tun und dann noch so eine Patientin wie ich. Sie rief den Dienstarzt an. Da bekam ich eine Tablette zur Beruhigung. Es sollte besser werden. Doch es wurde nicht besser. Meine Unruhe, dass Zittern, die Angst, Schweißausbrüche. Es gab erneut unfreundliche Worte von der Nachbarin.

Irgendwie habe ich sie ja verstanden, andererseits nicht. Ich wollte nur endlich schlafen und dass dieser Zustand aufhört. Der Dienstarzt kam noch einmal und er rief dann den psychiatrischen Dienstarzt an. Ich war wie in einer anderen Welt. Ich würde es gerne beschreiben, aber finde nicht die Worte dazu. Auf jeden Fall bekam ich dann nochmal ein Medikament zur Beruhigung und so langsam wurde ich ruhiger. Dank regelmäßiger Teilnahme an Entspannungsabenden und Einzelsitzungen bei einer ganz lieben Frau, Entspannung und Rebalancing, konnte ich mich selbst etwas beruhigen. Liebe S, du hast mir so viel beigebracht und geholfen. Von Herzen Danke! Als ich dann ruhiger wurde, hatte ich nochmal ein Gespräch mit dem Arzt. Das war eine Panikattacke und Entzug. Ich hatte bis 1 Tag vor der OP ein Schmerzpflaster namens Buprenorphin kleben. So klebten wir es wieder, allerdings in niedriger Dosierung. Mein Wunsch und Ziel war es ja ohne Schmerzpflaster entlassen zu werden. Aber das sollte nicht funktionieren. Eine Woche nach ihrer OP durfte meine Zimmernachbarin nach Hause.

Verbundene Seelen

Kurz darauf hieß es: Sie bekommen gleich eine junge Frau zu ihnen ins Zimmer gelegt. Es stellte sich heraus, wir waren derselbe Jahrgang. Oh, da habe ich mich aber gefreut. Zwei gleichaltrige. Und dann kam sie: Eine mir auf den ersten Blick sympathische Frau in Begleitung ihres Mannes. Mein Gefühl sagte mir: eine liebe, aber sehr kranke Frau, ein sympathischer Mann, der sehr tapfer ist und seine Frau in dieser schweren Zeit stützt. Mein erster Eindruck sollte mich leider nicht täuschen. Wir haben eine Woche zusammen gelitten, geweint, intensive Gespräche geführt. Wir sind zusammengewachsen.

Meine liebe, wenn du meine Zeilen liest, dann weißt du bist gemeint! Ein Jahr später sind wir uns immer noch nahe und geben einander Kraft und tauschen uns aus. Es ist für mich so gewesen, als ob wir uns ewig kennen. Wer weiß - von einem früheren Leben vielleicht? Auf jeden Fall bist du ein sehr wichtiger Mensch in meinem Leben geworden den ich auf keinen Fall missen möchte. Wenn es dir schlecht geht, dann geht es mir auch schlecht. Wo du jetzt, während ich das Buch schreibe die finale Operation hattest im August 2021, da war ich an diesem Tag in der Notaufnahme. Ganz nah war ich dir. Es war, als ob ich geleitet wurde an diesem Tag selbst ein med. Notfall zu sein, um bei dir zu sein. Welche Macht dies eingeleitet hat, ich war sehr dankbar darüber. So konnte ich dir beistehen. Liest sich für viele vielleicht verrückt, aber es war wirklich so. Dann kam der Tag! Du hast mich angerufen, Freudentränen. Es ist überstanden. Krebsfrei! Wir haben viel telefoniert, Sprachnachrichten und WhatsApp geschickt. Eine Liste erstellt, was wir zusammen machen wollten. Wir hatten so einen Spleen uns täglich gute Nacht zu sagen und dann überlegt, wo wir uns nachts zum Essen treffen.

Indisch, Asiatisch, Griechisch, Kroatisch, Italienisch usw. Mal sind wir in Gedanken nachts Wellness gefahren, oder wir haben uns an unsere Lieblingsorte geträumt. Das war so eine schöne Zeit und Erfahrung.

Und dann schlug das Schicksal zu.

Böse, schnell und sehr gemein.

Ich konnte dich noch 2-mal besuchen. Einmal im Klinikum. Einmal zu Hause. Du hast so gelitten. Es tat mir im Herzen weh, zu hören wie es dir ging.

Bei der Korrektur des Buches warst du schon nicht mehr unter uns.

Du hast den Kampf leider verloren.

Ich habe den Text aber bewusst nicht mehr verändert.

Meine Liebe, ich weiß du sitzt auf einer Wolke und lächelst zu mir runter, während ich diese Zeilen schreibe. Auch ich habe ein Lächeln auf den Lippen und Tränen in den Augen.

Ich vermisse dich sehr!

Du warst in dieser kurzen Zeit wo wir uns kannten ein Herzensmensch für mich. Hab dich lieb und ich werde dich nie vergessen!

Neubeginn und die Suche nach Normalität

Dann durfte ich nach Hause. Mit einem Stomabeutel in dem das Wundsekret aus der Drainagenarbe lief. Mir ist nach drei Tagen die Stelle nochmals aufgeplatzt. Leider hatte ich dann eine Wundheilungsstörung und das Ding hat mich noch zwei oder waren es drei Wochen daheim begleitet. Dank der Pandemie war alles anders. Mein Hausarzt kam immer zu mir nach Hause für die Wundkontrolle. Mit Mundschutz, Schutzkittel - komisches Gefühl damals noch. Das der Mundschutz unser Begleiter werden würde, überall, daran dachte noch keiner. Jeder der diese Zeilen liest weiß, was noch alles auf uns zugekommen ist. An dieser Stelle möchte ich mich bei meinem Hausarzt, der auch bei uns im Ort Notarzt ist, herzlich bedanken. Was er bei uns war und auch leider nach der OP bei uns zu Hause gestanden hat - ich habe aufgehört zu zählen. Zu allen Tag- und Nachtzeiten - Notarzt,

Rettungsdienst. In den folgenden Kapiteln bekommt ihr einen Eindruck davon. Auch seine Damen in der Praxis - immer sehr freundlich, immer aufmunternde Worte. Danke von Herzen dafür!

Wenn es das Wetter erlaubt, bin ich zuerst im Hof, dann täglich ein paar Meter mehr gegangen. Langsam wie eine Schnecke! Wie sagte ein leider verstorbener Freund immer: Aufgeben gibt's nicht! Weiter immer weiter! Und ja Ralf, deine Worte sind mein täglicher Begleiter! Was du wohl zu meinem Buch sagen würdest? Glaub du wärst stolz auf mich und hättest mir bei der Korrektur geholfen. Auch vermisse ich die Gespräche und deine Ratschläge! Nie werde ich dich vergessen und ich besuche dich auch regelmäßig an deiner Gedenkstätte. Denke sehr viel an dich und vermisse dich!

Meine zwei Mädels haben durch ihre Begleitung für meine "Fitness" gesorgt. Durch die kleinen Spaziergänge ging es langsam bergauf. Die Reha konnte aufgrund der Pandemie nicht stattfinden. Die Insel Föhr musste auf mich warten. Das dies noch mit Papierkram verbunden war und mit Geduld, daran dachte ich im April nicht. Im Mai kam die Absage für die geplante Reha auf der Insel Föhr. Aufgrund meiner Erkrankung war es zu riskant auf der Insel untergebracht zu werden. Dann habe ich in vielen Telefonaten und E-Mails es geschafft Reha auf Sylt zu beantragen. Genehmigung! Termin Ende Dezember 2020.

Zwischenzeitlich habe ich mit der Wiedereingliederung begonnen. In der zweiten Juniwoche war es dann so weit. Start mit zwei Stunden pro Tag zu meinen regulären Tagen. Den Wiedereinstieg habe ich mir ehrlich gesagt anders vorgestellt. Eisige Kälte kam mir seitens meiner Kolleginnen entgegen.

Zuerst dachte ich, okay Andrea du warst sehr lange nicht da und zuvor auch viel zu oft krank, das gibt sich schon mit der Zeit. Das aber so gar kein Interesse mir gegenüber bestand und auch die wichtige Kommunikation nicht mehr stattfand, das war sehr schlimm für mich. Und es wurde nicht besser, sondern schlimmer. Wichtige Informationen gingen an mir vorbei. Die Suche nach Fehlern begann! Und dadurch stieg meine Unsicherheit von Dienst zu Dienst. Kaum war die Wiedereingliederung beendet, zwei Wochen normal gearbeitet, dann hatte ich drei Wochen Urlaub. Den habe ich sehr genossen. Doch ich habe immer auf Post gewartet, wann es endlich auf Reha geht. Dazu hatte ich ein hin und her welche Klinik es denn sein wird. Sylt oder Insel Föhr. Nach meinem Urlaub bin ich wieder arbeiten gegangen. Die Stimmung mir gegenüber war weiterhin komisch. Ich verstehe das ja. Ständig krank. Mal da, mal nicht da. Dann die lange Arbeitsunfähigkeit nach der Operation. So eine Kollegin wie ich ist einfach keine gute Kollegin. Deshalb habe ich auch nichts gesagt. Ich dachte mir erstmal die Reha und die Schmerzklinik hinter mich bringen und dann ist hoffentlich endlich Ruhe mit dem ständigen krank sein. Wenn ihr das lesen solltet, das waren meine Empfindungen. Ich kann aber besten Gewissens sagen, die Zeit möchte ich auf keinen Fall missen mit euch. Mir hat die Arbeit großen Spaß gemacht und ich weiß, ihr hab es mir nicht böse gemeint. Auch ich meine diese Zeilen absolut nicht böse – wie bereits erwähnt: mein Empfinden!

Die Zeit bis zur Reha - ja juchu - endlich gibt es einen Termin - habe ich mit Aktivitäten meines Gesundheitszustandes entsprechend verbracht. Spaziergänge mit meinen Kindern, Mini-Rad-Touren ins Dorf und viel frische Luft genießen in unseren Garten. Das Highlight für meine damals 7-jährigen Zwillingsmädchen waren die Besuche im Naturfreibad, wo ich ihnen das Schwimmen beigebracht habe. Besonders berührend und sehr emotional war die Aussage von C.: Mama, du bist das erste Mal mit uns allein beim Schwimmen. Das ist so schön. Endlich kannst du schöne Sachen mit uns machen und dir gehts gut. Das war ein Gefühl für mich, unbeschreiblich schön. Ich stand zu Tränen gerührt im Wasser. Im ersten Lockdown habe ich den Wunsch eines selbstgebauten Strandkorbs gegenüber meinem Mann geäußert. Als die Baumärkte öffnen durften, ging es an die Materialbeschaffung. Mein Mann hat mir dann meine Ruhe Oase gebaut. Wunderschön! Das tat gut!

Anfang September kam dann die lang ersehnte Nachricht - mein Termin für die Reha.

Neue Horizonte

Am 6. Oktober sollte es losgehen. Die Bahnverbindung habe ich mir dann gleich herausgesucht, buchen durfte ich allerdings aufgrund der Pandemie erst einen Tag zuvor. Denn da kam ein Anruf um 16:30 Uhr von der Klinik mit der Abfrage, ob ich Symptome hätte. Alles in Ordnung gewesen. Dann hieß es ab ins Auto und nach Bad Tölz zum Bahnschalter. Gerade noch rechtzeitig konnte ich das Ticket besorgen. Bis zum Hauptbahnhof München hat mich mein Mann gefahren. Kurz nach 7 Uhr morgens ging die Fahrt mit dem ICE nach Föhr los. München - Hamburg Harburg. Hamburg - Dagebüll. Dagebüll - Insel Föhr mit der Fähre. Die Zugfahrt war erholsam, ich hatte mir auf eigene Kosten 1.Klasse gebucht und eine zweite Sitzplatzreservierung. So saß ich allein und habe die vorbei sausende Landschaft genossen, gelesen, Musik gehört, meine Mütze gestrickt. Um 20 Uhr war ich endlich in der Rehaklinik Utersum auf Föhr angekommen. Die Fahrt mit der Fähre war ziemlich mit Seegang verbunden. Regen und Wind haben mich nicht davon abgehalten oben zu stehen und den Duft des Meeres einzuatmen. Was war das für ein tolles Gefühl! Freiheit, Kraft und Stärke. Genau das war es was mir gut tat.

Drei Wochen Meer - wie wunderbar!

Aufgrund Corona war alles anders. Maskenpflicht. Zuerst Gruppentherapie in kleinen Zahlen ohne Maske am Platz, dann erfolgte eine Änderung auf Gruppentherapie mit Maske. Wassergymnastik, ohne Maske. Essenszeiten gab es zu festen Schichten, freie Platzwahl, kein Buffet und zwei Personen am Tisch, getrennt durch eine Glasscheibe. Doch trotz aller Beschränkungen hatte ich gute Kontakte geknüpft. Wir haben viel zusammen mit den entsprechenden Vorsichtsmaßnahmen unternommen.

Die Friedhöfe von Föhr erkundet - ich liebe es Friedhöfe und Kirchen zu besuchen, wenn ich unterwegs bin. Es war zu der Zeit auch die Lichterwoche und wir haben uns die Sehenswürdigkeiten abends dann angesehen. Süderende und viele weitere. Tagsüber wenn Zeit war Spaziergänge am Strand, traumhaft schöne Sonnenuntergänge über Amrum. Ein Highlight war meine Wanderung mit Sylvia von Nieblum bis zurück nach Utersum am Strand entlang. 12km sind wir da gegangen, wir hatten uns doch tatsächlich am Strand verlaufen. Ein besonderes Highlight war die geführte Wattwanderung an einem Sonntagmorgen um 7:30 Uhr. Wir haben dort sehr viel über das Watt und die Bewohner des Meeres gelernt. Auch über die Gefahren wurden wir gut informiert. Das alles zu erfahren war sehr beeindruckend für mich als ein Kind der Berge. Und dann ist mir wieder ein typisches Andrea Missgeschick passiert. Ich blieb mit einem Bein im Watt stecken. Das war ein eigenartiges Gefühl kann ich berichten, aber dank der Hilfe von Kathleen kam ich wieder wohlbehalten raus. Am Rückweg dachte ich mir, warum ist mein linker Fuß denn so nass? Ich trage doch hohe Gummistiefel. Stellt euch vor, der Stiefel hatte tatsächlich ein Loch. Nein die Stiefel nehme ich nicht mehr mit nach Hause, um sie von meinem Mann reparieren zu lassen. Als die Wanderung zu Ende war habe ich die Stiefel gleich entsorgt. Die Zeit auf der Insel Föhr war unheimlich schön und wertvoll an guten Gesprächen und Kontakten. Auch habe ich dort meinen 44. Geburtstag gefeiert. Mit einem Cappuccino und einem Stück Friesentorte im Strandkorb. Allerdings war die Reha auch mit zwei Klinikaufenthalten in der Akutklinik Wyk auf Föhr geprägt. Beim zweiten Aufenthalt habe ich eine liebe Frau kennengelernt, die auf Föhr lebt. Wir stehen heute noch in Kontakt und haben uns auch schon getroffen. Dieser zweite Aufenthalt hat dann zum Abbruch der Maßnahme geführt.

Im Strudel des Unvorhersehbaren

Ja ihr lest richtig. Mein Monster hat mir einen Strich durch die Rechnung gemacht. Es begann mit einer einmaligen allergischen Reaktion. Auslöser unklar. 12 Stunden ca. nach der allergischen Reaktion fingen diese unheimlichen fiesen Schmerzen an. Oberbauch- und Rückenschmerzen, Übelkeit während der Entspannungsstunde. Habt ihr schon einmal autogenes Training gehabt, seit schön entspannt und plötzlich fährt ein stechender Schmerz in euren Bauch? Diese Erfahrung möchte ich nie mehr machen. Irgendwie habe ich es geschafft die Stunde zu beenden. Wie ich das geschafft habe - keine Ahnung. Ich bin dann unter höllischen Schmerzen vom Amrum Zimmer hinunter auf meine Station gegangen, wo mich der Pfleger dann im Rollstuhl in die Ebene 0, sprich in den Keller gefahren hat. Dort hat die Oberärztin bereits auf mich im Ultraschall- und Funktionsraum gewartet. Ein venöser Zugang wurde sofort gelegt, was sich erwartungsgemäß als sehr schwierig bei mir herausstellte. Eigentlich besaß ich zu diesem Zeitpunkt noch meinen Port, den wollte sie aber nicht anstechen. Darüber habe ich mir aber in dem Moment keine Gedanken gemacht. Endlich hatte die Ärztin einen Zugang gelegt und das ersehnte Schmerzmittel durfte in meine Vene fließen. Die eine Hälfte bekam ich über die Kurz-infusion und die andere direkt venös gespritzt. Als Zugabe gab es dann noch Vomex für die massive Übelkeit. Eine Ultraschalluntersuchung vom Oberbauch wurde auch durchgeführt, wo allerdings wie so oft nichts zu sehen war. Die Entscheidung mich in die Akutklinik zu verlegen war sehr schnell gefallen. Ein Telefonat mit der Klinik und schon lief alles an. Ziemlich schnell kam das RTW-Team. Zwei sehr nette Notfallsanitäter. Einen Notarzt brauchte es laut der Ärztin nicht, weil die NFS das bestens erledigen. Und wirklich - perfekte Betreuung. In der Klinik

angekommen dachte ich, dass ich erstmal in die Notaufnahme komme. Nein auf Föhr laufen die Uhren anders. Ich kam direkt in das Patientenzimmer. Dort
wurde ich von der Pflege aufgenommen und versorgt,
anschließend kam der Arzt. Alles anders vom Ablauf
wie bei uns. So blieb ich auf Station von Dienstag bis
Freitag. Kleidung brachten mir meine zwei Reha Mädels. Wie üblich bekam ich erstmal Schmerztherapie
und etwas für die Übelkeit. Ich hatte mich schnell
wieder gefangen. Es war anders als sonst. Die Bauchspeicheldrüse hat ihren Schmerzcharakter geändert.
Das ich das nochmals erfahren sollte. Am Freitagvor-
mittag bin ich mit dem Taxi zurück in die Rehaklinik
gefahren. Essen fiel mir seit dem letzten Schub
schwer. Ich konnte nicht wirklich mehr viel essen.
Das lag mir ewig im Magen und hat mir Schmerzen,
Übelkeit und teilweise Erbrechen gebracht. Aber wer
mich kennt weiß:

Aufgeben ist keine Option.

Und so habe ich mein Reha Programm weiter durch-
gezogen. Nur etwas ruhiger. Montagabend sind wir an
den Strand hinuntergegangen, um eine Rehabilitandin
zu verabschieden. Wir genossen einen erneut unver-
gesslichen Sonnenuntergang über Amrum. Es hatte
den Anschein Amrum brennt. Für mich war das an
diesem Abend der schönste Sonnenuntergang auf der
Insel Föhr. Eine Woche durfte ich noch bleiben da ich
Verlängerung bekommen hatte. Das dies aber der
letzte Sonnenuntergang sein sollte, daran dachte ich
nicht. Gegen 24 Uhr bin ich mit starken Schmerzen
und Übelkeit aufgewacht. Mir blieb nichts anderes
übrig als der Pflege zu läuten. Ein Arzt wurde dazu
gerufen. Venöser Zugang, Schmerzmedikation. Anruf
in der Klink Wyk und Rettungsdienst. Als ich Erbrechen musste kam die letzte Mahlzeit unverdaut zurück
inklusive Stuhlgang. Da ging mir schön die Düse. In
der Klinik wurde ich wieder schmerztechnisch behandelt. Da die Möglichkeiten dort sehr begrenzt an

Untersuchungen waren und die Ärzte mich auch nicht kannten habe ich Kontakt zu meiner Heimatklinik in München aufgenommen und mit Hilfe meines Mannes eine Verlegung von Wyk auf Föhr nach München organisiert. Ein paar Tage musste ich mich in Föhr behandeln lassen, bis ich Freitag dann verlegt wurde. Meine Koffer wurden von der Rehaklinik am Donnerstag in die Akutklinik gebracht, gepackt von der Pflege. Alles kunterbunt rein in die Koffer. Ich war ja noch häuslich dort eingerichtet und somit war nichts im Koffer. Am Abend entwickelte ich dann Temperatur. Der Pfleger hat mir noch eine Thermoskanne Tee gekocht und Weißbrot mit Käse für die lange Fahrt. Für 7 Uhr war der Transport bestellt. Warten, warten, warten! Mein Rückholdienst kam zu spät da sie die Fähre von Dagebüll nach Föhr verpasst hatten. Das war schon der erste Minuspunkt von mir. Dann war es endlich so weit. Es ging los. Ein sehr eigenartiges Gefühl für mich. Gekommen mit dem Zug und zurück mit einem Krankentransport des Deutschen Roten Kreuz. Oh Andrea, das werden heitere Stunden. Gespräch? Warum sollte man denn miteinander sprechen. Gut, dass ich mir einen Tag unbegrenzte mobile Daten gekauft hatte. Akku geladen, meine Powerbank ebenfalls zu 100% geladen. Der zweite Minuspunkt ließ nicht lange auf sich warten. Stellt euch vor, die haben ihren Mund-Nasen-Schutz abgesetzt. Mir wurde mitgeteilt, dass ich das auch gerne tun könnte.

Hallo? Wir haben immer noch die Pandemie? Mir war egal was sie sagten. Ich behielt meine Maske auf. Es geht hier schließlich um meinen Eigenschutz. Dann war erstmal schlafen angesagt, nein nicht ich. Die weibliche Sanitäterin. Ja ist doch vollkommen logisch. Der Patient passt während der Fahrt auf die Besatzung auf. Ist schließlich eine lange Fahrt. Dann kam die erste Pause. Tank- Raucher- und Kaffeepause. Ich sollte derweil allein im KTW (Krankentransportwagen) warten. Allerdings war ich so frei und habe gefragt, ob es denn möglich sei zur Toilette zu gehen. Oh, wie konnte ich nur. So kam es, dass ich in Begleitung zur Toilette konnte. Zurück allerdings allein. Zigaretten waren wichtiger. Das Gehen fiel mir schwer, denn ich hatte einen Zugang im linken Fußrücken. Schuhe anziehen war nicht wirklich drin. Socken übergezogen und halbwegs im Schuh drin. So war ich unterwegs. Hinterher ist mir eingefallen, dass wir oder ich ja den Zugang ziehen hätte können. War absolut unhygienisch so und er wurde eh nicht mehr genutzt im neuen Klinikum. Gestärkt und getankt ging es dann weiter. Fahrerwechsel. Die Sanitäterin hatte ausgeschlafen und konnte jetzt weiterfahren. So kam ihr Kollege zu mir. Wie unangenehm der Geruch der Zigaretten. Mir war eh übel und dann das noch. Irgendwie konnte ich mich mit Serien schauen ablenken. Der Sanitäter musste auch schlafen. Wobei er aber gelegentlich mit mir gesprochen hatte. Es kam während der gesamten Fahrzeit zu keiner Zeit die

Frage wie es mir geht. Eigentlich wäre das doch so üblich. Aber vielleicht laufen in Sachsen die Uhren anders. Wer weiß. Das soll jetzt keine Diskriminierung sein, sind nur meine Gedanken. Es gab dann nochmals eine Tank-Zigaretten-Kaffee-Toiletten-Pause. Und juchu, München näherte sich. Mein Mann fuhr uns sozusagen entgegen. Koffertausch war angesagt. Ich konnte schlecht meine Reha Koffer mit in die Klinik nehmen, Dann musste er noch die Sanis in die Klinik lotsen. Ein rundum gelungener Transport. Ironie off.

Angekommen und dann ging es in die Notaufnahme. Fieberkontrolle war angesagt und Übergabe. Die Krankenschwester hatte etwas irritiert geschaut, als ich die Übergabe gemacht habe. Als ich dann noch Temperatur hatte, da durfte ich nicht in die Notaufnahme, sondern wurde in den Quarantänebereich gebracht. Der PCR Test Donnerstag früh war in Wyk negativ. Einzelzimmer, Covid Schnelltest und PCR erfolgten. Aufnahmegespräch von den Internisten. Dann wurde noch der diensthabende Chirurg dazu gerufen. Irgendwie kam er mir bekannt vor, aber durch die FFP2 Maske war ich nicht sicher. Fakt war, wir kamen dann im Gespräch darauf, dass mein Port nicht zu 100% steril behandelt wurde. Somit stand fest: Der Port musste entfernt werden. Da ich kurz zuvor ein Twix gegessen hatte konnte der Eingriff erst ein paar Stunden später erfolgen. So verbrachte ich die Nacht im Quarantänebereich. Da weder die Pflege, die Internistin und der Chirurg einen venösen Zugang schafften, was lobte ich mir bis dato meinen Port. Und der sollte Geschichte werden. Oben im Operationssaal bekam ich einen ZVK (zentraler Venenkatheter). Ja du lieber Himmel, bisher habe ich die ja in Narkose bekommen. Und jetzt wach und ohne lokale Betäubung vorher. Die Anästhesistin war richtig lieb und als sie mich steril verpackt hatte, ging es los. Eine OP-Schwester hat mir die Hand gehalten und Geschichten erzählt. Die andere hat der Anästhesistin assistiert. Und was soll ich sagen, es war gar nicht so schlimm. Ein Druck war zu spüren, mehr nicht. Dann ging es ans Festnähen. Da ging mir so richtig die Düse. Wir haben gemeinsam beschlossen die Narkose einzuleiten und sie näht dann an. Oh ja – eine sehr gute Idee. Ach ja, der OP-Saal hatte es in sich. 4. Stock und eine geniale Aussicht über München. So kann die Narkose gut beginnen. Dann bin ich wieder aufgewacht. Aufwachraum und Verlegung auf die internistische Station. Das war etwas blöd, weil ich ja vorab schon mit der Chirurgie geschrieben hatte. Aber so ist es. Sonntagabend kam der Chirurg nochmals vorbei und dann wusste ich, wer er war. Hatte nochmals nach seinen Namen gefragt. Es war der Chirurg meiner Freundin. Das hatten wir am Nachmittag bereits vermutet. Denn wir lagen zeitgleich im Klinikum. Sie chirurgisch, ich internistisch. So konnten wir uns am Nachmittag zu einem gemeinsamen Spaziergang durch das Klinikum treffen. Es war unsere große Runde. Ein sehr netter junger Arzt. Das wir 2021 mehr miteinander zu tun hatten, dass wusste damals niemand. Ich wünsche ihm von Herzen, dass er seine Menschlichkeit und Freundlichkeit gegenüber den Patienten beibehält! Die Internisten kamen nicht weiter. Mein Mann hat dann das Telefon in die Hand genommen und erneut Kontakt mit den Chirurgen über das ZPM aufgenommen. Am Mittwoch kam dann ein Chirurg zum Konsil. Ein Arzt, der sich meiner annahm und es auch bis heute noch tut. Damals noch PD Dr. Dr. Ekin Demir, die Professur erfolgte kurz darauf. Ein Arzt, der sich den Patienten annimmt, zuhört und dann nach Lösungen sucht. Wir haben ausgemacht, dass ich Donnerstag nach Hause gehe, wie von den Internisten geplant und am Freitag ambulant zu einer Untersuchung komme.

Herausforderungen und Suche nach Erholung

Dann gingen die Untersuchungen los. Zwischenzeitlich war ich in meinem Resturlaub, ja richtig gelesen, 16 Tage in der Schmerzklinik in Feldafing. Die drei Wochen habe ich extra so gelegt, dass ich nicht wieder eine Krankmeldung benötige. Urlaub ist aber definitiv etwas anderes. Multimordale Schmerztherapie. So nennt sich deren Konzept. Ich habe da sehr viel von profitiert und ich kann echt jedem empfehlen der unter chronischen Schmerzen leidet so eine Therapie zu machen. Physiotherapie, Yoga, Qigong, Meditation, Sinnesschulung, Vorträge zum Thema Schmerz und verschiedene Behandlungsmöglichkeiten der Schmerzmittel. Während meines Aufenthaltes dort hat sich meine Problematik bezüglich Essensaufnahme weiter verschlechtert. Entweder habe ich das Essen gebrochen oder es lag Stunden wie ein Stein in meinem Magen. Ein CT wo ich stehen musste und ein

Kontrastmittel auf Kommando trinken ergab, dass ich eine Magenentleerungsstörung hatte. Ab da saß ich weniger und dafür öfters. Bekam eine Suspension namens Motilium mit dem Wirkstoff Domperidon, welche ich vor den Mahlzeiten einnehmen musste. Doch es wurde nicht besser. Im Gegenteil. Mein Gewicht wurde auch immer weniger. Bei einem Kontrolltermin in der chirurgischen Sprechstunde haben wir uns entschlossen in den Bauch zu schauen. Termin wurde zeitnah ausgemacht. Und schon wieder musste ich in der Arbeit sagen: Ich bin ab dem 27. Januar in der Klinik und ich werde operiert. Wann ich danach wieder einsatzfähig bin, das konnte ich nicht sagen. Dann war es so weit. Prof. Demir wollte sich ein Bild vor Ort machen, in dem der Bauch geöffnet wurde. Außerdem hatte ich am Vortrag beim Aufklärungsgespräch unterschrieben, dass ich evtl. eine Ernährungssonde gelegt bekomme. Beim Anästhesiegespräch wurde mir wieder ein Schmerzkatheter empfohlen. Da ich im Jahr zuvor schlechte Erfahrung damit gemacht hatte war ich sehr skeptisch aber habe die Einwilligung unterschrieben. Dann war es so weit. Auf geht es in den OP. Diesmal nicht vom zweiten Stock, sondern direkt vom 4ten Stock rüber in den OP. Ich lag auf der Privatstation von Prof. Dr. Friess im Einzelzimmer. Wie bei der ersten OP wurde ich sehr warmherzig in der Einleitung empfangen. Dann kam der Arzt, welcher mir den Katheter legen sollte. Ich hatte so eine Angst und habe dies auch kommuniziert. Meine Angst war unbegründet. Es hat sehr gut   funktioniert, auch im Nachhinein die Tage, bis er gezogen werden musste. Der Anästhesist fragte mich was ich denn jetzt träumen möchte während der OP? Während ich ihm erzählte von den traumhaften Sonnenuntergängen auf Föhr, dem salzigen Geruch setzte er mir die Maske auf und ich glitt langsam ins Land der Träume.

Ach was habe ich da Schönes erlebt!

Doch wo bin ich jetzt? Was ist da bitte in meiner Nase? Hallo - ist da jemand?

Ein: Hallo Frau Ziller, sie sind im Aufwachraum. Die OP ist geschafft! Geschafft?

Geschafft habe ich es zu spucken als Begrüßung der sehr liebevollen Schwester. Die Magensonde kratzte an meinem Kehlkopf und ich hatte ständig Würgereiz. Kann mir die bitte wer entfernen? Nein leider nicht. Irgendwie habe ich versucht mich damit zu arrangieren. Aber best friends wurden wir nicht. Vorsichtig habe ich einen Blick unter die Decke geworfen. Meine Narbe vom letzten Jahr war wieder komplett geöffnet. Rechts unten die Drainage für Wundsekret, links ebenfalls eine Drainage aber irgendwie anders. Das muss ich später unbedingt erfragen, was das ist. Endlich durfte ich auf Station zurück. Abends kam dann Prof. Friess zu seiner täglichen Abendrunde mit seinen Ärzten. Mensch war mir das peinlich. Genau in diesem Moment, wo die Tür aufging, war ich damit beschäftigt die wunderbare weiße Tüte, welche mir der Pfleger hielt, zu befüllen. Der Professor hat sofort erkannt, dass ich ein Problem mit der Magensonde hatte und sagte in seinem herrlichen schwäbischen Dialekt, dass der Pfleger mir die Sonde entfernen darf. Und zwar jetzt sofort. Der Mann ist ein Schatz! Menschlich und fachlich unbeschreiblich toll!

Als dann das Problem beseitigt war, das Ziehen war die Erlösung, hat er mir erklärt, dass ich starke Verwachsungen hatte, die in einer Fuselarbeit gelöst wurden und sich mein Magen jetzt hoffentlich erholen kann. Zusätzlich wurde mir eine Jejunokath gelegt. Das ist eine Sonde, die in den Dünndarm führt und mich jetzt sozusagen zusätzlich mit ernährt. Für zu Hause bekam ich dann eine Pumpe, die Systeme und natürlich die Ernährung. Nutrison MCT hieß das. Die Pflege der Sonde und das Befahren habe ich alles selbst durchgeführt. Der Schlauch war durch eine weiße Dreieckplatte gezogen und an den drei Ecken angenäht. Die Fäden lösen sich immer nach ca. 6 Wochen und dann musste erneut genäht werden. Ohne lokale Betäubung, da ich auf Lokalanästhetika allergisch bin. Was aber wirklich gar nicht so schlimm war. Ein kleiner Piecks unter Atemkommando (beim Stich ausatmen). Was ich persönlich dabei am schlimmsten empfunden habe, war das Knoten. Immer wenn so ein Knoten gemacht wurde, hat das ziemlich an der Haut gezogen. Erinnert ihr euch noch an den Arzt, der mir den Port gestohlen hat? Er durfte auch zweimal nähen. 1000-1500 kcal bekam ich über die Sonde zu Beginn. Dann 1000kcal. Die liefen mit einer Laufrate von 60ml/Stunde. Damit ich mehr Bewegungsfreiheit hatte bekam ich einen Rucksack. Gut versteckt. So konnte ich mich außerhalb der Wohnung bewegen. An dieser Stelle ein herzliches Danke an dich liebe S. Du hast mir immer mit Rat und lieben Worten zur Seite gestanden. Vom 28.01.-25.08.2021 war ich in einer, sagen wir mal, innigen Beziehung

mit Gustav. Meine Freundin Christiane hat die Ernährungssonde so getauft.

Zwischen Hoffnung und Verzweiflung

Nach der OP im Januar bin ich dann zu Hause gewesen und habe versucht wiederselbstständig zu Essen, zusätzlich zur Sondenernährung. Anfang März ging es mir wieder schlechter und ich kam in die Notaufnahme mittels RTW nach Rechts der Isar. Von den massiven Schmerzen, die ich hatte, ging ich von einem erneuten Schub der chronischen Bauchspeicheldrüsenentzündung aus. Die Ärzte waren sich noch nicht so einig ob wieder ein Schub der Bauchspeicheldrüse oder eine Störung des Magen. Es war beides. Somit erfolgten die übliche Schmerztherapie und wir haben die Erythromycin Therapie als i.v. Antibiose angesetzt für die Magenentleerungsstörung. Ernährungsberatung bekam ich auch wieder. Zusammen haben wir ein Konzept erarbeitet, wo ich mich wohlfühlen kann. Nach 10 Tagen bin ich wieder nach Hause entlassen worden. Daheim ist es einfach am schönsten. Oder wie wir hier sagen: dahoam is am scheensten.

Einen Tag nach Ostermontag war ich vormittags bei meinem Hausarzt die Krankmeldung verlängern. An Arbeit war leider zu diesem Zeitpunkt noch nicht zu denken. Ich hatte die Ernährung zu diesem Zeitpunkt über 20 Stunden laufen. Manchmal musste ich die Laufrate auf 40ml/Stunde reduzieren und dann lief die Ernährung dauerhaft. Ich erzählte meinem Arzt, dass es mir den Umständen entsprechend gut ging. Während ich gewartet habe, bin ich im Gespräch mit einer seiner Arzthelferinnen in Tränen ausgebrochen und habe ihr erzählt, dass ich mir große Sorgen um meinen Mann mache. Ich hatte dann im Anschluss um Hilfe für meinen Mann gebeten. Fremdhilfe annehmen, das war ein Problem für ihn. Ich hatte das Gefühl, das mein Mann das Limit seiner Kräfte erreicht hatte. Seit Monaten bzw. seit Jahren hat er sich um die Kinder, den Haushalt, seinen Beruf und mich gekümmert. Er selbst nahm sich keine Zeit für sich. Wobei ich sagen muss, dass ich in dieser Zeit ziemlich auf der Strecke geblieben bin. Ja er hat immer den Notruf abgesetzt, mir die Kliniktasche gepackt, mich besucht, mit den Ärzten gesprochen. Doch ich als Ehefrau war, gefühlt immer nur die Kranke. Ich kann jedem Paar nur ans Herz legen: seid weiterhin Mann und Frau und vor allem redet miteinander. Gar keine Frage, mein Mann hat unheimlich viel geleistet in den letzten Jahren und tut es auch heute noch. Es wurde zu meiner Gewohnheit nicht zu sagen, wie schlecht es mir wirklich ging. Unter stärksten Schmerzen, teilweise spuckend, habe ich ihm und meiner Familie erklärt: alles halb so schlimm, es wird alles wieder gut. Von der Klinik aus bekam mein Mann auch weiterhin Zuspruch und Kraft von mir vermittelt.

Doch ich habe da für mich persönlich falsche Prioritäten gesetzt. Jeder bekam zu hören: das wird schon wieder. Dieses Phänomen habe ich stand heute abgelegt bzw. ich bin noch dabei zu lernen das ICH wichtig bin. Egal ob akut krank oder auch als Frau, Mutter und Tochter.

Habe ich es am Vormittag heraufbeschwört? Nachmittags um ca. 15 Uhr hat mein Mann den Notruf über die 112 abgesetzt. Ich hatte plötzlich unheimlich starke Oberbauchschmerzen, die in den Rücken strahlten, und Übelkeit und Erbrechen. Es kam der Rettungsdienst mit Notarzt. Der Arzt war genauso erstaunt über diese plötzliche massive Verschlechterung meines Zustandes. Wir hatten uns doch erst am Vormittag gesehen. So hatten wir dann die orangen Hosen wieder bei uns im Wohnzimmer stehen. Nach der üblichen Anamnese und auf Stand bringen vom Notarzt erfolgte dann die telefonische Anmeldung im Klinikum und ein Wechsel vom Rettungswagen auf einen dringenden Krankentransport. Währenddessen durfte der Notarzt sein Glück versuchen mir einen venösen

Zugang zu legen. Was aber aufgrund meines katastrophalen Venenzustandes nicht gelungen ist. Zur Verteidigung des Arztes muss ich jetzt schon klarstellen, dass es definitiv nicht an ihm lag. Das gilt auch für alle anderen Ärzte und Pflegepersonal. Wir haben schon sehr viele Zugänge gut hinbekommen und ich habe auch nach wie vor volles Vertrauen. Mir tut jeder immer so leid, der bei mir einen Zugang legen muss. Da ich es selbst kann und auch bisher gemacht habe bei meinen Patienten weiß ich, dass es für denjenigen der sticht auch nicht leicht ist. So bekam ich dann das Schmerzmittel Dipidolor unter die Haut gespritzt in den linken Oberschenkel. Bei einer Medikamentengabe durch den Notarzt/Hausarzt ohne i.v. Zugang war immer 2/3 der Dosis i.m. und 1/3 s.c. An diese Schmerzmedikation hatte ich noch lange Erinnerung. Ein riesiger blauer Fleck zierte meinen Oberschenkel. Das war aber das geringste Übel. Es sollten noch viele weitere blaue Flecken und Hämatome durch die Anti Thrombose Spritzen folgen. Nebenbei kümmerte sich ein NFS um mich. Vitalwerte mussten schließlich auch gemacht werden. Wir kannten uns durch meine frühere Tätigkeit im Jugendrotkreuz und durch meinen Mann. Er ist, bis ich so krank wurde an den Wochenenden ehrenamtlich Rettungsdienst gefahren. Ja ich habe meinen persönlichen Rettungssanitäter zu Hause. Doch ehrlich? Das mag zwar seine Vorteile haben, doch immer, wenn ich die orange Hosen Fraktion benötigte, war er ganz der Rettungssanitäter und nicht mein Ehemann. Das war für mich unheimlich schlimm. Ich wollte nur von meinem Mann in Arm genommen werden, gestreichelt und genau in diesem Moment meiner Hilflosigkeit geliebt werden. Doch er hat da in seinen Verdrängungsmodus umgeschaltet. Auch er war voller Hilflosigkeit, Angst und Sorge. Doch die hat er mir nie gezeigt. Da vergingen tatsächlich viele Jahre. Es wurde ein unheimlich gutes Gespräch unter massivsten Schmerzen. Auch kam das

Gespräch auf meine Psyche. Andrea, wie hältst du das immer aus? Das ist echt heftig, was du alles mitmachen musst. Keine Ahnung – ich funktioniere und verdränge. Weine heimlich still und leise. Im Gespräch habe ich dann erzählt, dass mir Robert sorgen macht. Das zweite Mal an diesem Tag habe ich dieses Thema angesprochen. Dann kam die Besatzung des Krankentransportes. Ich weiß jetzt nicht genau wie ich die Reaktion von mir und meinen Mann beschreiben soll. Meinen Mann war Erleichterung anzusehen. Fakt ist, dass ich unter meinen zahlreichen Fahrten meine persönlichen Lieblingssanis herausgefiltert habe. Und einer davon kam da zur Tür hinein. An dieser Stelle möchte ich dir ein großes Danke für dein da sein und auch für dein da sein für meinen Mann in der folgenden schweren Zeit sagen. Auch ein großer Dank gebührt allen, die mich einmal oder mehrmals gefahren haben gerichtet. Jeder einzelne von euch ist wunderbar. Ich konnte nie klagen, immer freundliche Worte und Aufmunterung.

Dann war es so weit. Ich bin selbstverständlich wie immer selbst vom ersten Stock zum Rettungsmittel gegangen. Es war immer ein unheimlicher Kraftaufwand für mich, aber mit dem Tragestuhl, da kann man mich jagen. Das ist nichts für mich. Solange ich gehen kann, wird das gemacht. Ich hatte weiterhin sehr starke Schmerzen und Übelkeit. Der Notfallsanitäter hatte sich während der gesamten Fahrzeit von ca. 60 Minuten sehr gut um mich gekümmert. Durch ein sehr gutes und auch tiefsinniges Gespräch hat er mich gut abgelenkt von meinen Schmerzen. Aber meine Schmerzen wurden nicht besser, naja kurzzeitig minimal vielleicht, im Gegenteil. Sie wurden immer unerträglicher. Weinend lag ich im KTW. Alles an Aufmunterung und Ablenkung hat nicht mehr funktioniert. Wir hatten aber noch gut zwanzig Minuten zu fahren. Ich war angekommen in meinem

Höchstlevel an Schmerzen. 10 ist das Stärkste, ich war gefühlt bei 100. Das habe ich auch weinend von mir gegeben. Das war das Gespräch: Bitte bitte hilf mir! Ich kann das nicht mehr ertragen. Andrea, wenn ich dir helfen könnte. Ich würde es tun. Auch in seiner Stimme lag etwas Verzweiflung. Dann waren wir endlich angekommen. Ich hatte den Eindruck, dass beide froh waren, dass wir da waren. Notaufnahme - wir wurden sehr freundlich von meiner Lieblings-schwester empfangen. Glückstag! Es tat richtig gut in so einer Situation jemand so lieben zu haben. Die KTW-Besatzung hat sich dann von mir verabschiedet und der NFS hat gesagt, dass er meinen Mann anruft oder schreibt das wir gut angekommen sind. Später hat mir mein Mann erzählt, was er ihm geschrieben hatte: Einen Schub hatte sie während der Fahrt und ich saß halt hilflos daneben. Aber jetzt ist sie drin im KH. Mein Mann hatte geantwortet: Da bist du macht-los und kannst nichts machen. So geht es mir auch immer. Da kam als Antwort zurück: Fühlt sich blöd an. Ab diesen Zeitpunkt haben die beiden regelmäßig Kontakt gehalten. Darüber war und bin ich sehr froh. Denn ich habe den Eindruck, dass diese Gespräche meinen Mann sehr guttun.

Ich war in meiner Hölle des Grauens angekommen.

3 Monate Klinik sollten es ab diesen Tag sein.

Hoffnung, Angst und die Entscheidung

In der Notaufnahme haben wir dann versucht einen
venösen Zugang zu bekommen. Endlich geschafft.
Dann ging es auf Station. Leider war auf meiner ge-
wohnten Station kein Bett mehr frei. Mir war das zu
diesem Zeitpunkt aber egal. Hauptsache mir wird geholfen. Prof. Demir kam immer abends vorbei und hat
nach mir geschaut. Und auch die ein oder andere An-
ordnung gemacht. So kam es aber leider teilweise zu
Unstimmigkeiten. Der eine Oberarzt ordnet an, der
andere setzt wieder ab. Das war für mich eine sehr be-
lastende Situation. Im Grunde meinte es aber jeder gut
mit mir. Doch ich konnte nicht mehr. Bei jedem stationären Aufenthalt in den letzten Jahren hatte ich immer Glück mit meinen Zimmerkolleginnen. Auch dieses Mal im Drei Bett Zimmer. Die liebe N. durfte sich
so manches Geheule von mir anhören. Wir hatten aber
auch viel Spaß. So nutze ich meinen Infusionsständer

als Stange zum Tanzen. Pooldance mit laufender Ernährung über die Jejunokath. Kann nicht jeder! Tanzen konnte man es auch nicht wirklich nennen – es
war einfach eine Pose, die N. in diesem Moment auch
fotografisch festgehalten hat. Zum Tanzen fehlte mir
definitiv die Kraft und auch der Schmerz war extrem.

Einmal hatte ich während der Visite einen Zusam-
menbruch. Ich habe so geweint und hatte irgendwie
das Gefühl, dass ich mir alle Beschwerden einbilde.
Als die Visite beendet war, kam der Stationsarzt zurück und hat mit mir gesprochen und einen neuen venösen Zugang gelegt. Das war leider so ungefähr alle
drei Tage notwendig. Der arme Arzt. Eine Patientin,
die nicht mehr aufhört zu weinen und dann noch dazu
sehr schlechte Venen hat. Von der Schwester bekam
ich eine Tavor, das ist ein Medikament zur Beruhigung. Ja, diese kleine Tablette war echt notwendig. In
den letzten Jahren habe ich nicht oft so geweint wie
an diesem Tag und wenn dann für mich allein. Es

sollte niemand mein Inneres wissen. Patientin ruhiger, Zugang sitzt. Der Arzt wollte sich nochmals mit Prof. Friess und Prof. Demir über das weitere Procedere besprechen. Eine Woche zuvor hatte ich eine ERCP und da wurde mir erneut ein Stent in den Bauchspeicheldrüsengang gelegt. Dieser wies erneut eine Engstelle auf und der Stent sollte diese erweitern und den Ablauf gewährleisten. Doch anstatt der erhofften Linderung ging es mir immer schlechter. Bei jeder Bewegung habe ich den Stent gespürt. Wir haben uns bei Visite auf ein weiteres abwarten geeinigt. Einen Donnerstagabend traf ich Prof. Friess im Gang. Da habe ich ihm meinen Kummer erzählt und er sagte, dass er mir helfen wird, wo er kann. Am nächsten Tag durfte ich auf die andere Station umziehen. Dort kam ich in ein Zimmer mit einer unheimlich lieben älteren Dame. Ich muss sagen, dass ich bisher immer sehr nette Zimmernachbarinnen hatte. Wir verstanden uns blendend und meiner Psyche ging es auch etwas besser. Ich lag jetzt auf "meiner Station". Dort kannte ich die Pflege und die Ärzte. In dieser Situation tat mir das echt gut. Bekannte Gesichter. Besuch war wegen der Pandemie nicht erlaubt. Mein Mann kam immer kurz an den Haupteingang und wir haben einen Wäschewechsel gemacht. Ganz wichtig war die Brezenlieferung bei den Outdoorbesuchen. Meine Zimmernachbarin hat sich da auch sehr gefreut. N. kam zur Kontrolle in die Sprechstunde und danach saßen wir beiden süßen im Klinikpark bei einem Cappuccino. Mit meinen Kindern habe ich via Skype kommuniziert. Doch die meiste Zeit war ich allein. Gut, dass ich eine Psychologin an meiner Seite hatte. Die Gespräche einmal die Woche taten mir gut. Wenn ich heute diese Zeilen schreibe (genau 6 Monate nach OP), dann weiß ich gar nicht, wie ich diese Zeit geschafft habe. Diese unheimlich starken Schmerzen, die Übelkeit, das Erbrechen. Langsam, aber sicher ging mir die Kraft aus. Dann war es so weit. In einem

Gespräch mit dem Oberarzt und Stationsarzt wurde die Indikation zur Operation gestellt. Die komplette Entfernung der Bauchspeicheldrüse. Das war am Donnerstag. Was ich da besonders fand, am Abend strahlte Kabel 1 die Doku über die Klinik aus und Thema an diesem Termin war: Prof. Friess mit einem Einblick in eine Pankreas Operation. Meine Nachbarin und ich haben interessiert zugeschaut und sie sagte: Mädchen komm du mir ja wieder gut zurück.

Tags darauf am Freitag erfolgte bereits vormittags das Aufklärungsgespräch in der Anästhesie. Ein Schmerzkatheter sollte es wieder werden für die ersten Tage nach der Operation. Da der im Januar Gold wert war habe ich selbstverständlich ja gesagt. Ansonsten blieb alles beim Alten bezüglich der Narkose. Wir besprachen nochmal alles genau durch. Auch die zahlreichen Allergien wurden nochmals abgefragt. Im Anschluss ging es wieder zurück auf Station. Am Abend kam Prof. Demir nochmals zu mir und besprach die

Operation und fragte mich auch, ob ich mir wirklich sicher bin. Das fand ich sehr menschlich muss ich sagen.

Ja - ich wollte die OP. Denn so wollte und konnte ich nicht mehr.

Dienstag, 27. April 2021 sollte der Tag werden.

Die Zeit bis dahin war aufregend, aber auch mit Angst gefüllt. Ein großes Chaos der Gefühle.

Hoffnung - Angst - Freude

Dann war da noch etwas, was meinen Plan durch-einander bringen könnte. Mein Operateur blickte Vaterfreuden entgegen. Ich habe gebetet, dass der Nachwuchs bitte, bis OP-Ende warten soll. Montag. Mein Mann durfte beim Aufklärungsgespräch dabei sein. Für ihn hieß es vormittags ab zum Hausarzt und einen Schnelltest durchführen. Dann war er da. Der große Moment. Mein Mann und ich waren beide ziemlich nervös. Aber wir hatten besprochen, dass die OP das Beste ist für mich. Die Stationsärztin hat das

Gespräch mit uns beiden geführt. Es gab einige Momente, wo ich echt gedacht hatte:

Andrea schaffst du das? Uns wurde klar und deutlich gesagt, dass die OP kein Zuckerschlecken ist und auch das danach nicht. Nach dem wirklich sehr ausführlichen Gespräch folgte dann meine Einwilligung per Unterschrift. Im Anschluss kam das Gespräch mit der Diabetesberaterin. Dort kam das Thema Diabetes auf den Tisch. Denn mit aufwachen aus der Narkose war ich Diabetikerin. Es gibt kostenlos einen pankreopriven Diabetes, oder auch Diabetes Typ3c genannt dazu. Wir besprachen die Insulintherapie und das Messsystem, welches ich postoperativ bekommen sollte. Der Freestyle libre 2 sollte es werden. Ein kleiner Sensor, der in meinen Oberarm gesetzt wird, der ohne Fingerstechen meinen Gewebezucker misst und an das Gerät übermittelt. Einmal drüberziehen. Unterzuckerwarnung und Warnung bei zu hohen Werten. Was Diabetes in dieser Form allerdings bedeutet, das habe ich erst im Laufe der folgenden Zeit herausgefunden. Dann war auch dieses Gespräch zu Ende. Mein Herzschlag war extrem. Eine innere Anspannung baute sich in mir auf. Es wurde ernst. Mein Mann durfte noch   etwas bleiben, allerdings nicht auf Station. Da die Sonne lachte sind wir in den Klinikgarten. Mit einem Cappuccino und ich glaube es war eine Brezn von daheim. Irgendwie wusste ich gar nicht worüber wir uns unterhalten sollten. Ich habe angefangen meinem Mann Anweisungen für daheim zu geben. Total unnütze! Wem er nach der OP informieren muss und und und. Doch das Wichtigste habe ich komplett überspielt: meine eigene Angst.

Ja die immer lacht hat doch keine Angst.

Oh doch!

Zitat Songtext von Kerstin Ott: oh die immer lacht, und nur sie weiß es ist nicht wie es scheint, oh sie weint…aber nur wenn sie alleine ist.

Es war so weit - wir mussten uns verabschieden - auf längere Zeit wegen des Besuchsverbotes – oder für immer.

Eine Umarmung - ein Kuss - stille Tränen

Da passen wir gut zusammen. Doch kaum war ich allein, da flossen die Tränen. Ein Zwischenstopp in der Kirche zum Beruhigen und Kraft tanken. Zurück ins Zimmer. Meine liebe Bettnachbarin hat meine Hände genommen und gesagt: der liebe Gott ist bei dir. Es wird gut. Doch meine Angst war präsent. Und dann ging es los. Mein Handy hatte Nachrichten über Nachrichten für mich. Ihr lieben alle die ihr mir Mut gemacht habt. Von Herzen danke dafür. Ohne euch und eure kraftvollen Zusprüche, ich hätte die Zeit nicht überstanden. Danke Danke Danke.

Auch mein Glaube gab mir die Kraft. Ohne Gottes Hilfe und den geistlichen Beistand hätte ich das alles nichtgeschafft. Dann das letzte Telefonat des Abends - meine Mama. Jede Mama weiß, was das für Gefühle sind. Nach 22 Uhr kam nochmals Prof. Demir vorbei und fragte nochmal, ob ich bei meiner Entscheidung bleibe. Ja klar! Wir sprachen noch kurz und er sagte, morgen um die Zeit ungefähr werde ich ihren Mann anrufen. Das System gefällt mir sehr gut. Ist der Patient mit dem Eingriff fertig, dann ruft der Operateur die Angehörigen an. Am roten Zettel gibt man zuvor den gewünschten Kontakt an. Versuchen sie zu schlafen. Wir sehen uns morgen im OP bzw. ich sehe sie. Schlafen - wie geht das? Die Nachtschwester hat mir dann eine Schlaftablette gebracht. So konnte ich etwas zur Ruhe kommen.

Der große Tag

Da war da - der Tag wo alles anders macht

Dienstag, 27.04.2021

Nach der üblichen Morgenroutine der Pflege bin ich nochmals Duschen und Haare waschen gegangen. Dann in die Klinikkirche Maria Hilf. Ich wusste nicht, wann es losgehen sollte. So saß ich um 7:45 Uhr schon in der Kirche. Nachdem ich gebetet hatte, um Schutz und Hilfe, habe ich noch Kerzen entzündet. Gottes Hilfe und Beistand war mir sehr wichtig. Sollte ich die OP überleben - ja ich hatte sehr große Angst - dann wollte ich in Birkenstein eine Kerze für das Hochamt stiften. Das ist ein bekannter Wallfahrtsort in Oberbayern, Landkreis Miesbach. Gestärkt im Glauben bin ich dann zurück auf Station. Auf dem Weg dahin habe ich einige Ärzte getroffen, wo auf den Weg zur Morgenbesprechung waren. Was da geschehen ist, das hat mich ehrlich gesagt sehr berührt.

Mir haben einige viel Glück für die OP gewünscht. Das war echt ein gutes Gefühl.

Dann war ich wieder am Zimmer angekommen. Da ich den ersten Tag oder je nach Verlauf auf der Intensivstation verbringen darf, habe ich angefangen aufzuräumen. Mein Nachtkästchen, die wertvollen Sachen wie Handy, Tablet, Kindle habe ich in den Safe gesperrt. Was war ich aufgeregt. Wer mich kennt, weiß wie gut ich das überspielt hatte. Ich war ja weg von daheim und niemand bei mir. Somit konnte mir keiner ins Gesicht schauen. Die Tür ging auf. Eine Schwester kam herein. Frau Ziller, ziehen sie bitte ihre OP-Kleidung an, schließen die Wertsachen weg, geben mir dann den Schlüssel und nochmals zur Toilette. Hilfe - mein Herz ist mir da aber in die Hose gerutscht. Schnell noch während dem Toilettengang eine Nachricht an meine Mama und meinen Mann gesendet, dass es jetzt losgeht.

Auf geht`s Andrea!

90

Deine persönliche Challenge beginnt jetzt!

Der Fahrdienst kam, schnell noch der Bettnachbarin ein Luftküsschen zuwerfen und los gehts. Vom zweiten in den vierten Stock. Wie immer - wie sich das anhört - ein sehr netter Empfang. Bereits beim Umlagern an der Schleuse nahmen die zwei Pfleger mir einiges an Nervosität und Angst. Dann ging es weiter in die Einleitung. Die OP-Vorbereitung begann. Vom Anästhesieteam wurde ich empfangen. Den Oberarzt kannte ich noch vom Januar. Er hatte mir den Schmerzkatheter erfolgreich gelegt. Somit waren meine Erwartungen groß. Der Oberarzt hatte sich meine Unterlagen bereits gut durchgelesen, was aufgrund meiner zahlreichen Allergien auf Medikamente sehr wichtig ist, und sagte: Wir haben uns ja bereits im Januar schon gesehen. Dann packen wir es wieder an, oder? Ja so machen wir das. Erstmal musste er mir einen neuen Zugang legen, der alte wollte nicht mehr wirklich. Mittels Ultraschalles haben wir dann eine

Vene in der einen Ellenbeuge gefunden, über die die Narkose dann nachher eingeleitet werden sollte. Dann ging es los: Bitte hinsetzen, wir starten mit der Anlage des Schmerzkatheters. Desinfektion - ist das kalt. Mein Puls ist schön schnell, ich bin sowas von nervös.

Lieber Gott - bitte steh mir bei.

Ich habe so eine Angst.

Angst - was danach auf mich zukommt.

Angst - nicht zu überleben.

Bitte beschütze mich und meine Familie.

Des ersten Picks. Getroffen - sitzt - hinlegen. Im Anschluss bekam ich wieder diese Streifen auf den Kopf geklebt, wo die Tiefe der Narkose gemessen wird. Der nette Oberarzt hat es mir nochmal erklärt, wie das System läuft. Dann war es so weit.

10-9-8-7-6 … ich befinde mich in einem Strudel.

Mein Kopf ist so schwer.

Was ist das für ein Gefühl?

Ich schwebe!

Au - was ist das? Wo bin ich? Lebe ich noch?

Was piept da? Was stört mich in meiner Nase?

Was ist das im Hals? Unangenehm!

Frau Ziller - schön sie wach zu sehen! Was kann ich für sie tun? Haben sie Schmerzen? Ihr Mann wurde bereits informiert, dass alles in Ordnung ist und sie die Operation gut überstanden haben. Irgendwie konnte ich nicht klar denken. Mein Kopf war wie in einem Nebel. Mir war furchtbar übel und ich hatte leichte Schmerzen. Der Schmerzkatheter saß perfekt. Dachte ich zumindest. Die Nacht habe ich schlafend und würgend im Wechsel verbracht. Andrea und Magensonde - wir werden nie Freunde werden. Wir sind nicht kompatibel. Die ganze Nacht habe ich mich übergeben, wenn ich nicht geschlafen habe. Die Magensonde hat einen dauerhaften Würgereiz bei mir hinterlassen. Als ich am frühen Morgen erneut spucken musste, stand ein Pfleger an meinem Bett.

Irgendwie kam er mir sofort bekannt vor. Irgendwo habe ich ihn schonmal gesehen - aber nicht hier. Ihm ging es tatsächlich genauso. Er war sehr nett und hat mir ein neues der schicken Klinikhemden angezogen, das andere war so richtig durchgeschwitzt. Dann hat er mir Blut genommen und kam kurze Zeit später wieder zurück. Mit einer erneuten Bluttransfusion, die erste bekam ich während der Operation. Und er hatte eine Idee! Für meinen dauerhaften Würgereiz hat er mir zwei NaCl Infusionsflaschen - gefroren - an meinen Hals links und rechts gelegt. Das diente zum Unterdrücken des Würgereiz. Der Nervus Vagus wurde so zur Ruhe gezwungen. Tatsächlich hat das etwas geholfen. So konnte ich endlich zur Ruhe kommen und etwas entspannen. In mich tropfte langsam der kostbare rote Saft. Ein herzliches Danke an alle Menschen für das regelmäßige Blut spenden! Dann durfte ich mich mit Hilfe des Pflegers etwas frisch machen. Das war echt eine Wohltat! Gesicht gewaschen, soweit ich konnte Arme, Oberkörper und Beine hat der Pfleger übernommen. Währenddessen kamen wir ins Gespräch. Und siehe da, das Geheimnis woher wir uns kannten, wurde gelöst. Wir kannten uns aus der dermatologischen Klinik, wo ich zur allergologischen Abklärung war. So klein ist die Welt. Vom Arzthelfer zum Intensivpfleger – und es war die definitiv richtige Entscheidung. Er macht seine Arbeit echt sehr gut. Mit Herz und Fachwissen. Dann kam die Visite. Mein Operateur war nicht mehr dabei. Wartemodus Baby! Meine Gebete sind erhört worden – er konnte mich noch operieren. Was mir bei Visite sofort wieder aufgefallen ist, das war der Oberarzt mit dem guten Parfum. Es mag sich jetzt vielleicht verrückt anhören, aber ich verbinde jeden Arzt mit einer besonderen Auffälligkeit. Bei ihm eben das Parfum. Die Ärzte waren sehr zufrieden über den Verlauf die paar Stunden nach Operation. Der Pfleger berichtete, dass ich große Probleme mit der Magensonde hätte und sehr viel Erbrechen würde. Diese durfte im Anschluss gezogen werden. Dann noch eine gute Nachricht. Mittags durfte ich auf Normalstation zurück. Das war ein gutes Gefühl. Kurz vor Mittag war es dann so weit. Zurück auf Normalstation. Meine Zimmerkollegin hatte mich schon erwartet. Die Bilder meiner Kinder, mein kleines Reich am Nachtkästchen. Das war einfach schön zu sehen. Wir haben uns sehr gefreut wieder in einem Zimmer zu sein. Es folgte eine kleine Unterhaltung, ich war noch sehr geschwächt.

Der schmerzhafte Weg zum Neuanfang

Was zur Hölle ist jetzt plötzlich los?

Schmerzen - ganz üble, nicht auszuhaltende Schmerzen. Der Schwester geläutet. Die wusste im ersten Moment auch nicht was da jetzt los war. Ich hatte doch einen Schmerzkatheter. Eine Schmerzmittelinfusion mit Dipidolor wurde gegeben. Sollte helfen. Dachten wir zumindest. Ich wurde aber eines Besseren belehrt. Die Schmerzen wollten nicht aufhören. Vom Gefühl her war das, wie wenn ich mit offenem Bauch daliegen würde und an mir operiert. Die Pflege rief dann die Anästhesieabteilung an. Es kam jemand vorbei und hat sich den Schmerzkatheter angesehen. Das Medikament wo darüber lief wurde mit einer Einzeldosis direkt in den Katheter gespritzt. Dann kam ich für ca. 2 Stunden in den Aufwachraum zur Überwachung. Langsam wurde der Schmerz erträglicher. Gaaaanz laaaaaangsam.

Wieder zurück auf Normalstation. 2 Stunden später ging das wieder los mit den Schmerzen. Dipidolor-infusion - leichte Linderung. Wieder zurück in den Aufwachraum. Dieses ganze hin und her ging von Mittwoch früher Nachmittag bis Freitagmittag. Das waren unerträgliche Schmerzen – ich dachte echt ich muss sterben. Meinen Mann habe ich nachts wachgehalten. Wir haben telefoniert und ich habe ihn nur vollgeweint. Den schmerzhaften Rosenkranzhabe ich rauf und runter gebetet. Geweint - Geschrien. Wo ich das gerade schreibe, mir läuft es eiskalt den Rücken hinunter, wenn ich nur daran denke. Allein die Erinnerung daran ist die Hölle. Der Stationsarzt wollte von Anfang an, dass der Schmerzkatheter gezogen und auf eine Schmerzpumpe umgestellt wird. Aber laut Schmerzdienst Anästhesie lag der Katheter gut. Der Arzt kam öfters in unser Zimmer und einmal, da war ich wieder in Tränen aufgelöst, da habe ich seine Hand so feste gedrückt. Meinte er schmunzelnd: Ich brauche meine Hände noch Frau Ziller. Ja stimmt! Freitagnachmittag durfte ich einen Ausnahmebesuch von meinem Mann bekommen. Am Vormittag war er bei unserem Hausarzt zum Schnelltest. Das war die Eintrittskarte zu mir. Meiner Nachbarin hat er eine Breze mitgebracht. Was hat diese liebe Frau mit mir mitgelitten. Über diesen Überraschungsbesuch habe ich mich sehr gefreut. So war mein Mann dann auch beruhigter als er mich gesehen hat.

Am Vormittag wurde der Schmerzkatheter endlich abgestellt und die Schmerztherapie auf eine Schmerz- pumpe mit Dipidolor umgestellt. Langsam kam ich von dieser kräfteraubenden Schmerzsituation herun- ter. Die Anspannung fiel ab und ich wurde insgesamt ruhiger. Samstagvormittag wurde dann der Schmerz- katheter gezogen. Ein Kabel weniger. Da bin ich auch das erste Mal aufgestanden. Ein großartiges Gefühl. Von Tag zu Tag konnte ich Erfolge verbuchen. Doch diese Operation hat mein Leben resettet.

Einmal Neustart bitte.

Leben 2.0 oder sollte ich es bereits 3.0 nennen?

Im weiteren Leseverlauf wird das 3.0 aufgelöst.

Langsam musste ich meinen Körper auf die neue Situation einstimmen. Angefangen beim Essen. Ich war es schon gewöhnt wenig zu Essen, sehr gut zu Kauen. Dabei kam mir das 30x Kauen-System sehr zu Hilfe. Aber ganz ehrlich - genussvoll Essen ist etwas ganz anderes. Ständig hatte ich das Gefühl matsche Pampe zu Essen. Täglich habe ich meine Runden gedreht. Zuerst im Zimmer, dann auf Station und bald zur Kirche hinunter. Das war dann meine Klinikrunde. Oft saß ich auch in der Kirche. Kerze entzündet, einfach nur dagesessen und Gespräche mit Gott geführt. Meine Sorgen, Ängste brauchten ja ein Gehör. Ja und noch etwas war für mich vollkommen neu. Der Diabetes. In der Fachsprache nennt sich der Diabetes pankreopriver Diabetes oder Diabetes Typ3c. Ich bekam ihn kostenlos zur Operation dazu. Aufgrund der

Entfernung der Bauchspeicheldrüse fehlt mir jetzt Insulin und Glukagon. Ich muss Insulin spritzen. In der Klinik hatte ich zu Beginn ein festes Schema wieviel Insulin ich vor dem Essen spritzen muss. Ein Mahlzeiteninsulin namens Actrapid. Wie der Name schon sagt, vor dem Essen.

Abends folgte das Langzeitinsulin Lantus. Als Messgerät bekam ich einen Sensor, den Freestyle libre2. Das ist echt eine Erleichterung. Ich musste die Werte nur scannen. Unterzucker oder zu hohe Zucker, da schlug das Gerät Alarm. Sonst nichts? Es begann eine aufregende Zeit für mich, was ich alles lernen musste. Mein Diabetesmanagement sollte im direkten Anschluss an den stationären Aufenthalt lernen. Jeden Tag ging es mir ein bisschen besser. Das Ziel, die Verlegung in die Aktudiabetologie kam immer näher. Über meine Dünndarmsonde lief noch immer 2x500ml Nahrung über Nacht. Mein Ziel war es zu reduzieren oder ohne auszukommen. Ich zählte die

Tage endlich das Klinikum verlassen zu können. Aber ich ging auch mit gemischten Gefühlen. Tatsächlich hatte ich Angst, Angst was jetzt auf mich zukommen wird. Schaffe ich das mit dem Diabetes?

Endlich war es am 18.05.21 so weit. Seit dem 06.04.21 lag ich im Klinikum und jetzt durfte ich mit einem Fahrdienst abreisen.

Servus Station M2a! Vielen lieben Dank für alles!

Ein großes Lob an das gesamte Team! Ihr seid ein großartiges Team und bereitet den Patienten eine gute Zeit, solange sie auf Station bleiben müssen.

Neue Horizonte

Die Fahrt in die Akut Diabetologie war echt abenteuerlich. Ich lag hinten allein auf der Trage und ich dachte wir unterhalten uns während der Fahrt etwas. Der Fahrer hat sich unterhalten – mit seiner Freisprechanlage. Irgendwie war das lustig. Ich habe absolut nichts verstanden, glaube es war kroatisch. Es muss nur etwas Aufregendes gewesen sein. Die Tonlagen der beiden deuteten auf eine hitzige Unterhaltung hin. Wow - wir sind schon an der Ampel der ehemaligen Kaserne in Bad Tölz. Das ging schnell. Weiter ging es mit einem Gasfuß Richtung Rehaklinik. Angekommen! Jetzt ging es los dort mit einem Covid Schnelltest bei meiner ehemaligen Kollegin. Im Klinikum zuvor hatte ich am Vortag bereits einen PCR-Test gemacht. Es war eine Freude meine ehemalige Kollegin wieder zu sehen. Nachdem das negative Ergebnis da war, ging es weiter in die Patientenaufnahme und im Anschluss dann auf die Station. Dort wurde ich sehr lieb empfangen. Erstmal kurz ins Zimmer. Doch bevor ich von der Pflege, Stationsarzt und Diabetesberatung aufgenommen wurde ging es runter in den Speisesaal. Unten angekommen war ich bereits fix und fertig. Gegessen habe ich nicht viel. Als ich dann mit großer Mühe dann zurück am Zimmer war, folgte das Pflegeaufnahmegespräch. Da haben wir beschlossen, ich esse am Zimmer. Schon ging es weiter mit dem Aufnahmegespräch der Diabetesberatung. Jetzt wurde es spannend. Auf geht es in ein komplettes Neuland für mich. Diabetes - ja kurz in der Schule gelernt. Ich wusste es gibt einen Typ1, Typ2 und Schwangerschaftsdiabetes. Pankreopriver Diabetes - was ist das denn bitte? Oder auch Typ3c genannt. Mein Wissen darüber sollte sich sehr schnell erweitern. Und soll ich was sagen: es macht Spaß! Nachdem wir auch da fertig waren, kam der Stationsarzt. Sehr gute Organisation vom Schnelltest bis zur ärztlichen Aufnahme. In den 10 Tagen habe ich sehr viel gelernt und mein Wissen erweitert. Ich bekam die Aufgabe für daheim mich mit BE (Broteinheiten) zu beschäftigen. Bis dahin habe ich nach Schema gespritzt. In der folgenden AHB (Anschlussheilbehandlung) sollte ich dann das Berechnen der BEs mit dem jeweiligen Faktor erlernen. 1 Tag vor Entlassung bekam ich noch eine Eiseninfusion. Da ich auf einige Medikamente allergisch reagiere und ich dieses Medikament noch nicht hatte war es dem Stationsarzt lieber, die Infusion überwacht auf der Neurologie zu geben. Dort kam ich dann ins Wachzimmer, angeschlossen am Monitor. Nichts ist passiert. Aber sicher ist sicher. Am Abend bekam ich Fieber. Am nächsten Morgen war ich immer noch fiebrig. So kam es, dass ich nicht nach Hause fuhr, sondern zurück ins Klinikum Rechts der Isar. Gut, dass es sich um nichts dramatisches handelte. Es war lediglich eine kleine Entzündung des Restmagens. Dennoch hatte ich so den 70. Geburtstag meiner Mama verpasst. Zumindest

habe ich ihr eine sehr schöne Geburtstagstorte bestellt. Ich konnte zeitnahe entlassen werden. 1 Tag
später nach Mamas Geburtstag. So konnte ich mir
noch ein Stück der sehr guten Torte gönnen.

Neue Wege

8 Tage war ich dann zu Hause bevor es am 09. Juni zur Anschluss Heilbehandlung, kurz AHB, ging. Etwas "fitter" begannen die 4 Wochen Reha. Es gab täglich Insulinsprechstunde (außer Sonntag) vor dem Frühstück bei dem jeweiligen zuständigen Diabetesberater, Diabetesschulung täglich unter der Woche für ICT (Spritzentherapie), Diabetesberatung Einzel (Montag-Freitag). Die Themen der Schulung waren: Hypoglykämie, Ketoazidose, Sportanpassung, welche Insuline gibt es, Unterschiede Langzeitinsulin und Bolusinsulin, Diabetes und Urlaub, uvm. Die Schulungen waren getrennt für Pen, Pumpe und Typ2. Es gibt doch einige Unterschiede. Ich habe sehr viel gelernt in diesen Schulungen. In der Diabeteseinzelberatung haben wir die Besonderheiten besprochen, ich habe das Umrechnen der BE mit dem jeweiligen Faktor in meine abzugebende Spritzmenge vom Insulin gelernt. Meine 1000 Fragen wurden beantwortet. Ich

muss sagen, eine sehr gute Betreuung. Doch es gab nicht nur Schulungen, auch meine körperliche Fitness sollte wieder hergestellt werden. Zu Beginn war ich im Terraintraining Neurologie, dort gingen wir 30 Minuten im langsamen Tempo im Kräutergarten spazieren.- wer glaubt das bin ich mit links gegangen. Falsch! Das hat mir tatsächlich die ersten beiden Wochen vollkommen gereicht. Ich war so froh, als ich wieder am Zimmer war. Da war erstmal ausruhen angesagt. Doch mein Therapieplan lies mir keine großen Ruhephasen zu. Dann durfte ich in das Terraintraining Innere wechseln. Das ging 1 Stunde, im flotten Tempo, durch Bad Heilbrunn. Zu den Schulungen und Beratungen kam noch Teilbad Fuß CO_2, Hydrojet, Fango, Hochtontherapie, MTT, Autogenes Training, Sozialdienstberatung, Psychologie Einzel, Ernährungsberatung einzeln und Gruppenvortrag. Ganz wichtig: Zu bestimmten Zeiten Blutzucker messen, einmal Sensor, einmal blutig. Das ist wichtig, um

Abweichungen festzustellen. Ach so, Visite und natürlich Essen gab es auch noch. Ja - ich hatte tatsächlich Zeit zum Essen zu gehen. Im Speisesaal gab es Schauteller mittags und abends. Da stand dann wieviel BE dieser Teller hat. Sehr gut, gerade für mich als Anfänger. Frühstück musste man wiegen. Das hatte ich alles relativ schnell verinnerlicht für mich. Mein Ziel war es auch, die noch liegende Jejunokath langsam abzusetzen und normal zu Essen. Aktuell lief sie noch mit 500ml Nutrison MCT über Nacht. Täglich habe ich mich ein Stück zurückgekämpft! Aber was waren das für tränenreiche Tage und Wochen. 1 Tag vor der OP habe ich mir mein Leben nicht so vorgestellt. Ich dachte mir - dass bisschen spritzen - kein Problem. Tja, da hatte ich wohl komplett falsch gedacht. Diabetes erfordert ein gutes Management durch einen selbst. Ja, und dann kam er. Der erste Unterzucker. Auf einmal war er da. In der Schulung hatte ich bereits davon gehört.

Halleluja - was ist denn bitte jetzt los?

Ich war im Autogenen Training. Vollkommen entspannt. Da fing der BZ schon an zu sinken. 110mg/dl. Eigentlich kein Problem. Doch - was ich mittlerweile weiß, war das ein Pseudounterzucker. Ich bemerkte da bereits die Anzeichen von Unterzucker. Einen Tag zuvor in der Schulung gehört. Vorher hatte ich hohe Werte. Ich bin eigentlich immer über 200 vom Blutzuckerwert gewesen.

Schön - dann probieren wir das jetzt doch gleich mal aus. Wie heißt es so schön? Learning by doing!

Mit dem Aufzug bin ich dann nach oben von Ebene0 auf Ebene3 zur Station gefahren. Mittlerweile hat der Sensor bereits Alarm geschlagen. 98mg/dl. Mein Diabetesberater hatte mir diese Warnung ab 100mg/dl eingestellt. Es war nicht mehr weit in mein Zimmer. Ich hatte das Gefühl nicht mehr dort anzukommen. Das Lesegerät vom Sensor zeigt 53mg/dl. Mir war so komisch. Schwummrig, ich schwitzte sehr und was mir richtig Angst machte, das war das Zittern und diese Wortfindungsstörungen. Musste mich hinlegen und habe der Schwester geläutet. Irgendwie war ich da mit der Situation vollkommen überfordert. Die Schwester rief an was los ist. Hatte dann mein Leid geklagt und sie kam sofort vorbei. 47mg/dl war der Wert blutig. Ich bekam Saft zu trinken und nach 15 Minuten haben wir den Wert kontrolliert. Ich muss sagen, so ein Unterzucker ist echt nicht angenehm. Aber an solche Situationen sollte ich mich gewöhnen. Irgendwie fühle ich mich danach etwas komisch. Man merkt das der Körper da im Stress ist. Durch die Schulungen und auch den intensiven Gesprächsaustausch mit anderen Diabetikern bekam ich relativ schnell einen Einblick in das Phänomen Diabetes. Das meine Diabetesart noch etwas komplexer ist als der Typ1, dass dachte ich mir schon. Und es ist tatsächlich so. In Gesprächen mit anderen Betroffenen konnte ich sehr viel an Informationen für mich herausfiltern. Das unsere Diabetesart nicht die perfekte Linie zeigen wird, wir mehr auf und ab haben. Unser Blutzucker sinkt schneller, so hörte ich das aus Erfahrungen. Auch ein bestimmtes Thema wurde angesprochen. Das Zwischenmenschliche. Ja und genau da habe ich mich schon die ganze Zeit gefragt, wie das wohl sein könnte.

Sorry Spatzl - ich muss erst meinen Blutzucker checken. Ah - könnte etwas höher sein.

Komm lass uns schnell eine Cola trinken oder noch eine Pizza zuvor?

Solche Gedanken hatte ich in meinem Kopf. Und es sollte sich wohl bewahrheiten. Da will man Spaß und es geht los mit – Blutzucker checken.

Dazu eine kleine Anekdote, die ich selbst erleben durfte im Laufe der weiteren Monate. Mein Blutzucker passte so einigermaßen. War allerdings nicht im optimalen Bereich. Ich dachte mir, so schlimm wird es schon nicht werden. Es war himmlisch - bis mich mein Mann etwas unsanft auf die Backen "schlug" und leicht hektisch war. Irgendwie habe ich null auf meinen Diabetes geachtet, den Sensoralarm ignoriert. Einfach genossen und den Kopf ausgeschaltet. Das mache ich nie wieder – aber aus Erfahrung lernt man. Mein Blutzucker ist dermaßen schnell gesunken. 43 mg/dl sagte der Sensor, blutig ebenfalls. Doch bevor mein Mann gemessen hat, gab er mir das Gel (Jubin) zum Trinken. Ganz vorbildlich! Schnelle Kohlendhydrate. Das Zeug schmeckt so ekelhaft, pappsüß. Doch es geht bei solchen Situationen nicht nach Geschmack, sondern nach schnellen Kohlenhydraten, die den Blutzucker wieder steigen lassen. Wahrscheinlich muss der ein oder andere über diese Geschichte schmunzeln oder auch den Kopf schütteln, aber ich kann besten Gewissens erzählen, das war so gar nicht lustig.

Jetzt aber wieder zurück zur AHB. Neben dem ganzen Programm hatten wir hier sehr viel Spaß. So großartige Menschen habe ich hier kennengelernt. Mit den meisten stehe ich noch immer in Kontakt. Wir haben hier zwei Geburtstage gefeiert. Unter unserer coolen Bande, so nannten wir uns, war ein Rehabilitand der Gitarre spielte und uns dazu mit seiner Stimme verzauberte. Er und ein anderer Patient haben sogar für den einen Geburtstag einen Song geschrieben und am Abend vorgetragen. Wir saßen bei schönem Wetter im Kräutergarten auf der Bank und den Liegen, Grabkerzen vom Rewe leuchteten.

Speziell aber echt schön!

3 Lieder haben mich persönlich besonders berührt. Als er angefangen hat das eine Lied zu spielen –Gänsehaut pur. Es war tatsächlich das erste Lied, welches ich nach meiner Operation zuerst gehört hatte. Heart of Gold von Neil Young. Das war so richtig berührend für mich. Mit dem anderen Patienten sang er dann zusammen noch Leaving on a Jet Plane von John Denver. Den Song kannte ich auch sehr gut und seitdem habe ich immer die Version der beiden im Kopf. Was an solchen Abenden auch nicht fehlen

durfte war: Halleluja. Gibt es mittlerweile von einigen Interpreten. Das war an diesem Abend zu viel für mich. Während der Hälfte des Songs gingen meine Gefühle mit mir durch. Mir liefen die Tränen herunter, ich zitterte. Ich bin dann aufgestanden und nach hinten zu einem Baum und habe mich angelehnt. Die Tränen flossen, ohne ein Ende zu finden. In mir hatte sich etwas gelöst. Anspannung der letzten Wochen oder eher Monate. Gleichzeitig gingen mir tausende Gedanken durch den Kopf. Unser Gitarrist hatte bemerkt das ich gegangen bin und kam mir nach. Wir haben dann zusammen den Rückweg angetreten zu unserem Platz. Dort haben wir beide geredet - der Anfang einer Freundschaft. In den folgenden Tagen haben wir beide uns sehr oft allein unterhalten und sehr gute Gespräche geführt. Wenn du diese Zeilen liest: Von Herzen Danke!

Unsere lustige Truppe saß so jeden Abend bei schönem Wetter bis kurz vor 22 Uhr im Kräutergarten. Bei regnerischem Wetter im Bushäuschen. Da war ich allerdings nicht mit am Start. Ich saß da mit unserem Gitarristen oben auf unserer Ebene 3 beim Wasserspender. Dort haben wir zusammen sehr intensive und bereichernde Gespräche geführt. Es gab auch wieder emotionale Momente.

22 Uhr und 2 Uhr Nacht hieß es wieder: Blutzucker messen, das tägliche Murmeltier. 4 Wochen AHB gingen zu Ende. Meine zusätzliche Ernährung mittels der Jejunokath konnten wir beenden. Die Sonde war stillgelegt und ich habe sie täglich mit Wasser gespült. Mit dem Essen funktionierte es noch nicht so wie ich wollte. Also das habe ich mit allerdings schon anders vorgestellt. Die Enzyme konnte ich erhöhen so viel ich wollte, mein Darm reagierte anders. Nur keine Nahrung behalten. Das stellte mich auch vor eine Herausforderung bezüglich der Insulingabe vor den Mahlzeiten. Berechnet und gespritzt habe ich die ganze Portion. Mein Körper hat dann aber immer

beschlossen nicht alles zu behalten. So kam es, dass ich hochkalorische Trinknahrung zusätzlich zu mir nehmen musste. Ja du lieber Himmel - was gab es da für Unterschiede. Von grausam bis das kann man trinken war alles vertreten.

4 Wochen AHB waren nun zu Ende. Es war eine sehr schöne, aber auch anstrengende Zeit. Viel Input in Sachen Diabetesmanagement und auch der Aufbau der Belastbarkeit war erfolgreich.

Endlich ging es nach Hause - im eigenen Bett

schlafen und das Beste - daheim bei meiner Familie.

Kampf um Normalität

Mittwoch, der 07.07.2021, das war der Tag meiner Rückkehr.

Endlich back at home.

Es war unbeschreiblich schön daheim zu sein.

Auf geht`s, Rezepte für alle Medikamente holen, und die Trinknahrung. Kalorien auf Rezept! Ja das kann nicht jeder. Ich schon! Ach was gibt es da für lustige Storys zu den Rezepten. Die beste war: Lasagne pürieren - das sollte auch anstatt der Trinknahrung gehen. Ja logisch - back to Baby. Nein, so funktioniert das leider nicht. Es geht ja nicht nur um flüssige und breiige Kost, nein es geht auch um die Kalorien und Nährstoffe. Zwei von diesen Trinknahrungen durfte ich am Tag genießen.

Und dann war es Freitagabend. Es folgte die erste schwere Unterzuckerung daheim. Mein Mann war damit etwas überfordert. Klar, vollkommen verständlich! Wortfindungsstörungen, Schweißausbrüche,

Zittern, Hungergefühl. Und zu guter Letzt, was dann auch dazu führte, dass mein Mann den Notarzt rief - die Benommenheit. Jubin, das ist ein pures Zuckergel, Saft und Traubenzucker haben es nicht geschafft meinen Blutzucker zu stabilisieren. Als der Notarzt eintraf, war der Blutzucker nicht mehr messbar über den Sensor. Damals hatte ich noch den Freestyle libre2. LO - unter 40mg/dl. Eine schwere Hypoglykämie. Ja, wir hatten das Baqsimi (Nasenspray mit Wirkstoff Glukagon). Aber ganz ehrlich - mein Mann hatte sich nicht getraut mir das zu geben. Bekam nochmals das Jubin, das habe ich dann aber gespuckt. Es wurde ein i.v. Zugang gelegt. Darüber bekam ich Glucose und Vomex gegen die Übelkeit. Ab ins Klinikum. Während der Fahrt von 10km in die Klinik klarte ich langsam wieder auf. Von der Notaufnahme direkt auf Intensivstation. Mein Blutzucker wollte sich nicht wirklich stabilisieren. Wir hatten unsere erste große Auseinandersetzung.

Wer gewinnt? Ich oder mein Diabetes?

Blöderweise hat diesmal mein Diabetes gewonnen.

Aber - dies ist meine Kampfansage an dich, du mein Diabetes.

Dir werde ich zeigen, wer hier der Stärkere ist. ICH!!

So habe ich eine Nacht auf Intensiv verbracht. Am späten Vormittag wurde ich dann auf Station gebracht, allerdings noch auf Überwachung. Mein Mann kam mich besuchen, brachte mir meine Sachen. Er war noch in Übung und wusste, was Frau so alles braucht. Was an diesem Tag für mich sehr wichtig war - mein Tablet. Denn ich war eingeladen auf einer Online-Hochzeit. Meine liebe ehemalige Kollegin heiratete an diesem Tag.

Meine liebe - ich habe mich so sehr über diese Einladung gefreut. Euch beiden weiterhin alles liebe und Gute. Möge nach Sturm immer wieder die Sonne scheinen. Und danke für die gemeinsame großartige Zeit als Kolleginnen!

Von der Überwachung konnte ich schnell runter, doch mein Blutzucker spielte weiterhin verrückt. Gerade als der Arzt am Sonntag mit dem Entlassungsbrief kam rutschte mein Blutzucker wieder in den Unterzucker. Also durfte ich bleiben. Montag war es dann endlich so weit, ich durfte nach Hause.

Doch bevor es heim ging, hatte ich einen Termin in der mich operierenden Klinik zur Nachkontrolle nach OP. Die Ärzte waren sehr zufrieden. Wegen meines sehr angeregten Darmtraktes haben wir eine Therapie mit einem Medikament zum Stopp gestartet. Kontrolle in 4 Wochen oder bei Verschlechterung sofort.

Zu Hause habe ich dann versucht mich wieder in den Alltag zu integrieren und auch mein Sportprogramm zum Aufbau wurde weiterhin durchgeführt.

Am Sonntagvormittag waren die Mädels mit Oma und Opa schwimmen und ich habe meinen Mann überzeugt mit mir eine Nordic Walking Runde entlang der Isar zu gehen. Allein sollte ich nicht und meinem

Mann schadet es sicher auch nicht. Als wir wieder zu Hause waren stoppte ich meine Pulsuhr und nahm mein Handy aus der Tasche.

Da sah ich es - ein Anruf von einer Nummer, die nichts Gutes hieß. Schnell hinauf in die Wohnung, hinsetzen und Rückruf. Mir lief es kalt den Rücken hinunter und ich wollte die Nachricht nicht hören. Doch ich wurde schonungslos damit konfrontiert. Meine bayrische Schwester ist in der Nacht friedlich eingeschlafen. 9 Monate hast du gekämpft meine liebe schwarze Hexe und doch verloren. Ich war so stolz auf dich, wie du die Chemo mitgemacht hast. Jeder der dich kannte, der wusste was für Angst du vor Nadeln hattest.

Weißt du noch, wie wir uns das erste Mal gesehen haben? Wie du immer Schnitzel mit Kartoffelsalat von meinem Opa Franzl gegessen hast. Unser erster Urlaub mit meiner Mama in Griechenland. Die folgenden Jahre unsere gemeinsamen Griechenlandurlaube mit unseren Geschichten, die nur wir beide kennen.

Unser Urlaubsgetränk Kamikaze. Wie wir uns einen

Mann geteilt haben, ohne dass wir voneinander wuss-

ten. Du nach der Geburt meines Sohnes in einen

Kaufrausch verfallen bist und immer die lautesten

Spielsachen gekauft hast. Du dir extra ein Dirndl für

meine Hochzeit gekauft hattest – das gleiche wie ich,

nur mit einer anderen Schürze.

Wir haben zusammen gelacht – wir haben zusammen

geweint.

Du warst meine bayrische Schwester und meine

Mama deine bayrische Mama. Wir waren uns so nah

immer, besonders die letzten Monate.

Ich vermisse dich meine schwarze Hexe!

Ende August war ich zur Kontrolle im Klinikum.

Meine Dünndarmsonde war schon stillgelegt und täg-

lich mit Wasser gespült. Bei diesem Termin wurde sie

dann spontan gezogen. Was hatte ich eine Angst da-

vor. Angenäht mit 3 Fäden war das Dreieck und durch

die Mitte in der Platte lief der Schlauch in den Dünndarm. Prof. Demir meinte, wir ziehen die jetzt. Was? So einfach? Das tut doch weh. Nein Frau Ziller, ich mache das ganz vorsichtig und es wird wirklich nicht schlimm. Pflaster ab, mich durch ein Gespräch abgelenkt, Desinfektion, Fäden durchtrennt, einatmen, ausatmen. Draußen war das Teil.

Kompresse drauf, mit Pflaster fixiert und während dem folgenden Gespräch drücken.

Mensch Andrea – was war daran denn bitte jetzt so schlimm?

Nichts, absolut nichts. Da war die Angst umsonst.

Da sich mein Gewicht weiterhin im Abwärtstrend befand sollte ich von der hochkalorischen Trinknahrung 2-3 Stück am Tag zu mir nehmen. Diese bekam ich aufgrund der Diagnose auf Kassenrezept. Zu Hause habe ich mir damit ein gutes Frühstück zusammengestellt. Es gab 20g Haferflocken, 1TL Chiasamen und Obst wie z.B. Himbeeren, Heidelbeeren, Erdbeeren oder Apfel. Das fand ich persönlich sehr lecker. Nachmittags gab es gekühlte Trinknahrung mit Kaffee Geschmack. Abends als Spätmahlzeit Vanille mit Zimt. Ich liebe Zimt und das war die perfekte Kombination für mich. Ja man konnte Trinknahrungen gut variieren. Doch etwas Normales zum Beißen hat definitiv seine Vorteile.

Es war Sommer und ich war schwimmen, naja wenn man das Schwimmen nennen konnte. Eher planschen. Stand up paddle gefahren am Walchensee, mit der Gondel rauf auf den Herzogstand. Oben die kleine Runde gelaufen. Wie schön war das bitte.

Kurzum - wir haben den Sommer genossen so gut es ging.

Doch die Ruhe sollte nicht lange halten. Im September kam es dann zu heftigen plötzlichen Bauchschmerzen. Ab zum Hausarzt und von dort mit dem Krankentransport in die Klinik. Eine Cholangitis war es wohl. Der Gallengang war etwas gestaut. Sollte wieder werden. Was mich sehr gefreut hatte - ein Reha Kollege war an dem Tag zur Kontrolle in der Klinik. Er hat mich besucht. Und dann kam es zum Treffen zwischen seinem Operateur, der zu diesem Zeitpunkt mein behandelnder Arzt war. Hat super gepasst. Ab da war es ein auf und ab bei mir. Meine Darmsituation wollte sich nicht beruhigen. Egal was ich gegessen hatte, es wollte nicht bleiben. Diverse Medikamente sollten die häufigen Toilettengänge stoppen. Flohsamen haben wir probiert. Die Enzymsubstitution war richtig. Es war wie verhext. Regelmäßige Termine in der Ambulanz sollten mich begleiten. Der Ernährungsberater hat sich bzw. kümmert sich sehr gut. Das Ziel war es Gewicht zu halten und nicht weiter zu verlieren. Leichter gesagt als getan. Mehrere kleine Mahlzeiten am Tag, dazu 2-3 Trinknahrungen am Tag, das war der Plan - und es ging mit zusätzlichen Medikamenten. So ging das fast

1 Jahr. Zwischendurch stationäre Aufenthalte mit Magen- und Darmspiegelung.

Ostern 2022 verbrachte ich im Klinikum. Für die Darmspiegelung - oh was hasse ich es dieses Zeug zu trinken. Es schmeckt einfach zu eklig. Dieser Salzgeschmack - brrrrrr. Da kam mir meine überstandene Corona Infektion zugute. Im März hat mich und eine unserer Zwillingsmädchen das Virus erwischt. Unsere Tochter hat es sehr gut weggesteckt. Bei mir verlief es so semi gut. Meine Lunge, die ja aufgrund des schweren eosinophilen Asthmas eh schon geschwächt ist, die machte nicht so mit. Massive Kopfschmerzen, trockener Reizhusten, Kopf- und Gliederschmerzen, Fieber, Abgeschlagenheit begleiteten mich. Zu diesem Zeitpunkt wer ich bereits 3mal geimpft. Einige denken sich jetzt ihren Teil zum Thema Impfung. Es war meine Entscheidung und damit Ende der Diskussion.

Der Geschmack war noch nicht gut vorhanden. Als mir gesagt wurde wir brauchen die Darmspiegelung, da sagte ich, dass ich keine 2l schaffe von dem Zeug zu trinken. Meinte mein Professor: wenn sie 1l schaffen, bin ich zufrieden, je mehr, desto besser allerdings. 1l getrunken - 2l getrunken- nix tut sich. 3l getrunken inkl. Einlauf- es passiert nichts. Mittlerweile war es 23 Uhr und ich war immer noch ohne Erfolg. Mir stand das Oralav schon oben an, wenn ich jetzt noch irgendwas trinken muss - keine Garantie. Früh um 5 Uhr wurde ich vom Nachtdienst geweckt. Guten Morgen – Frühstück. Oh ja, was für tolles Frühstück. 4l, der 5te Liter und siehe da. Es beginnt endlich zu wirken. 6l, jawohl jetzt reicht es. Mein Professor konnte es gar nicht glauben als er vom frei zurückkam. 6l Oralav - 2l Wasser- 1 Einlauf. Ergebnis der Spiegelung: Colonvarizen und eine Engstelle im Dickdarm. Um den Darm anzuregen, bekam ich stationär spritzen, namens Neostigmin und für zu Hause Ubretid Tabletten. Ansonsten lief alles so weiter wie bisher. Doch ich merkte immer mehr, wie das an meine Substanz geht. Donnerstag wurde nochmal eine Röntgenuntersuchung durchgeführt. Eine sogenannte Magen- Darm-Passage, kurz MDP. Dabei steht man und trinkt während der Aufnahme Kontrastmittel. Manchmal gibt es auch eine Kugel, die aussieht wie ein Marshmallow, mit Kontrastmittel angereichert, dazu. Bei der Untersuchung wird geschaut, wie schnell die Magenentleerung ist. Bei mir ist diese sehr schnell. Die Nahrung geht zu schnell vom Magen in den Dünndarm. Was meine Durchfälle nach dem Essen gut erklärt. Allerdings bleibt anscheinend eine kleine Menge im Dickdarm, was mir neue Beschwerden bereitet. Im Anschluss an diese Untersuchung durfte ich am späten Nachmittag nach Hause.

Schmerz, Hoffnung und die Suche nach Antworten

Jetzt erzähle ich, wie der Weg bis zur ersten Operation im Februar 2020 lief. Angefangen hat alles eigentlich schon in meiner Kindheit. Von klein an hatte ich immer Bronchitis und Neurodermitis. Und ein sogenanntes Bauchkind war ich auch. Alles immer im Wechsel. Als ich 7 Jahre alt war, da bekamen wir in meinem Heimatort einen neuen Hausarzt, der auch Kinder betreute. Das war für meine Mama einfacher. So mussten wir nicht immer mit dem Bus in die Stadt zum Kinderarzt fahren. Meine Lunge hatten wir mit Sprays im Griff. Da war ich in der Lungenambulanz für Kinder in der Nähe in Behandlung. Meine Haut wurde auch besser. Nur das Thema Bauch nicht. Immer wieder Schmerzen, Übelkeit und Erbrechen. So ging das jahrelang bzw. eigentlich mein Leben lang.

2001 die erste Bauchspeicheldrüsenentzündung. Da dachten alle an ein einmaliges Ereignis. 2006 folgte im Januar die zweite Entzündung. Auch da war es nicht abzusehen, was die nächsten Jahre so folgen sollte. 2009 eine erneute Entzündung. Ab da wurde intensiver nach der Ursache geforscht. Es erfolgte die notfallmäßige Entfernung der Gallenblase. Ein Stau im Gallengang durch Steine war der Grund. Dadurch hatte sich meine Bauchspeicheldrüse entzündet.

Bei diesem stationären Aufenthalt habe ich eine liebe Frau kennengelernt. Wir hatten trotz Krankheit Spaß. Ich sag nur Kekse! Ich konnte nicht gut essen, aber Bärentatzen gingen immer. Auch hatte ich vor der OP zu meinem Operateur gesagt: können sie bitte den Schnitt etwas neben meinem Bauchnabelpiercing setzen? Möchte das gerne behalten. Der Blick war echt gut. Glaube der Arzt dachte sich seinen Teil. Am Tag nach der OP war Pflasterwechsel. Kam von ihm: na zufrieden? Ich habe mir Mühe gegeben. Ja ich war zufrieden. Stellt euch vor: eine Schleife aus grünen Faden zierte meinen Bauchnabel. Jetzt war ich glücklich. Ja ich weiß, ihr denkt euch auch euren Teil. Aber so bin ich nun mal.

Es ging immer weiter mit den Entzündungen. Immer wieder kam ich notfallmäßig stationär. Niemand wusste eine Ursache. Wie oft wurde ich gefragt, ob ich regelmäßig Alkohol konsumiere. In einer Silvesternacht, das neue Jahr war gerade mal eine Stunde alt, bekam ich plötzlich unheimlich starke Bauchschmerzen. Mitternacht hatte ich lediglich ein Glas Sekt zum Anstoßen getrunken, jedoch hatte ich das Gefühl eine ganze Flasche getrunken zu haben. Im Nachhinein wusste ich warum. Meine Bauchspeicheldrüse war da schon beleidigt, ohne Symptome. So merkte ich den Alkohol viel extremer. Zu Abend hatte ich Burgunder Schnitzel mit Sahnesoße, Karotten-Erbsen-Gemüse und Spätzle gekocht. Zu den starken Schmerzen kamen auch Übelkeit und Erbrechen dazu. Mein Mann, damals waren wir noch nicht verheiratet, dachte er sieht nicht richtig. Ich lag in Bauchlage im

Bett und habe gespuckt. Sowas hat er noch nicht gesehen sagte er später. Und er hatte schon einiges erlebt durch seine Nebentätigkeit als Rettungssanitäter. Auf jeden Fall kam ich in die Klinik und da wurde ich auch auf das Thema Alkohol angesprochen. Passte zu Silvester. Aber im Labor war kein auffälliger Alkoholwert nachzuweisen. So abgestempelt zu werden hat mir echt weh getan. Es ist verletzend, wie man teilweise behandelt wurde.

Nun folgt eine kleine Unterbrechung. Das folgende Thema kommt erst später im Verlauf. Allerdings ist es mir momentan sehr wichtig dies aufzuarbeiten und zu schreiben. Deshalb ein kleiner Break.

Zwischen Hoffnung und Herausforderung

Nach Geburt der Zwillingsmädchen hat sich die Zeit zwischen alles gut und den Schüben immer mehr verkürzt. Die Schwangerschaft verlief auch nicht ohne Komplikationen. Ab der 9. SSW bekam ich Blutungen und die zogen sich bis zur Geburt hin. Es war erneut eine Schwangerschaft wo Liegen angesagt war. In dieser Klinikzeit habe ich wunderbare Zimmerkolleginnen gehabt. Wir sind immer noch in Kontakt. Mit einer bin ich richtig gut befreundet. Ihre Tochter ist auch die Freundin meiner Mädels. Ein geniales Dreier Gespann! Wir kennen uns schon vom Bauch sagen sie immer wieder. Meine liebe, ich bin so froh dich kennengelernt zu haben. Du bist immer für mich da. Du hörst mir zu, obwohl du es auch nicht immer leicht hast. Ich habe dich sehr lieb!

Ende 2013 bekam ich eine Thrombose. Eine Therapie mit Blutverdünnung, zuerst mit Spritzen, dann mit Tabletten, wurde eingeleitet und ich musste

Kompressionsstrümpfe tragen. Sehr schick! Leider vertrug ich die Tabletten (Xarelto) nicht, meine Herzfrequenz wurde sehr niedrig darunter und ich hatte sehr niedrigen Blutdruck. Es erfolgte dann die Umstellung auf Marcumar. Ich muss sagen, die Tabletten waren mir lieber. Mit Marcumar musste ich regelmäßig zur Blutkontrolle, um die Dosis gut einstellen zu können. Unter dieser Blutverdünnung bekam ich eine neue Thrombose. Das bereitete mir Probleme. Ich wurde notfallmäßig stationär aufgenommen. Verdacht auf Pfortader Thrombose oder medizinische Hepatitis. Warum auch einfach! Die Pfortader Thrombose wurde nicht bestätigt. Was war ich froh darüber. Ein großer Stein fiel mir vom Herzen. Es war „nur" eine Leberentzündung, hervorgerufen durch die Einnahme von Marcumar. Somit erfolgte die Umstellung auf ein neues Medikament. Die Zulassung hierfür erfolgte erst ein paar Tage zuvor. Natürlich war ich ehrlich gesagt etwas skeptisch und hatte auch so ein paar

Bedenken. Das Medikament war erst offiziell ein paar Tage am Markt, es gibt noch keine Erfahrungswerte. Klar wurden vorab Patienten damit getestet und es gab Studien, aber irgendwie bleibt schon ein komisches Gefühl. Dennoch habe ich mich für die Therapie entschlossen. So konnte sich meine Leber erholen. Aufgrund der Blutverdünnung, meiner Erkrankung Endometriose und den monatlichen Frauenproblemen haben wir uns entschlossen, die Gebärmutter zu entfernen. Dies erfolgte in einer speziellen Klinik für Endometriose in München. Es verlief alles komplikationslos. Endlich mal normal! Im Januar 2015 hatte ich mal wieder kurioses zu bieten. Dafür bin ich ja prädestiniert. Nach dem Genuss eines Knoblauchbaguette bekam ich plötzlich keine Luft mehr. Das Gesicht schwoll an, Quaddeln bildeten sich im Gesicht und Oberköper. Mein Hals wurde enger, das ist ein sehr unangenehmes Gefühl. Meine Lunge fing an zu Pfeifen, husten. Eine massive allergische

Reaktion. Es wurde immer schlimmer und so rief mein Mann Rettungsdienst und Notarzt. 2 Tage musste ich stationär zur Überwachung bleiben. Wir haben eruiert, was der Auslöser gewesen sein konnte. Ich weiß, dass ich sehr viele Nahrungsmittelunverträglichkeiten habe. Knoblauch konnten wir nicht zu 100% ausschließen, aber ich konnte es mir auch nicht wirklich vorstellen. Esse ich schon ziemlich oft. Ich fing an ein Ernährungstagebuch zu führen und habe auch die letzten Tage rückwirkend begutachtet. Doch irgendwie kamen wir von der Reaktion auf Knoblauch nicht weg. Fazit – keinen Knoblauch mehr. Vor der Jahrtausendwende hatte ich eine Operation an der Wirbelsäule. Da hatte ich gelegentlich auch noch so meine Probleme. Physiotherapie, Eigentherapie durch Übungen, Yoga und Nordic Walking. Gelegentlich auch eine Infiltration mit Cortison und Scandicain (Lokalanästhetikum), CT gesteuert. Ich wurde in die neurochirurgische Praxis im Nachbarlandkreis gefahren. Nach so Injektionen darf man nicht selbst fahren. Normalerweise dauert das nicht lange. Spritzen und ich glaube es waren dann 30 Minuten oder war es eine Stunde, ich weiß es nicht mehr, zur Überwachung. Heiko hat so lange im Kaffee auf mich gewartet. Doch ich kam nicht. War mal wieder für eine Überraschung gut. Es musste ja mal wieder eine anaphylaktische Reaktion sein, hatte ich ja länger nicht. So sorgte ich für Aktion in der Praxis mit vollem Programm. Der Rettungsdienst mit Notarzt brachte mich in mein Heimatklinikum. Das war Anfang September 2015.

14 Tage später habe ich nach 3 Jahren Elternzeit durch die Zwillingsmädchen wieder angefangen vormittags zu arbeiten. Am zweiten Tag im neuen Job ist mir dann etwas sehr Unangenehmes passiert. Gerade mal 1 Stunde war ich am Arbeiten, dann bekam ich plötzlich starke Oberbauch- und Rückenschmerzen. Ich saß am Stuhl, konnte mich kaum bewegen, atmen

war auch sehr schmerzhaft. Könnt ihr Euch vorstellen, wie unangenehm mir die Situation war? Der zweite Tag, wir kannten uns ja alle noch gar nicht wirklich und dann so eine Situation. Meine Kollegin kam zu mir, sie hatte bemerkt, dass etwas nicht stimmt und es mir echt schlecht ging. Sie ist mit mir zu ihrem Hausarzt gefahren. Mir ging es immer schlechter. Diese verdammten Schmerzen, sie wurden immer stärker und stärker. Der Arzt hat nach kurzer Anamnese sofort reagiert und auf einen Schub der Bauchspeicheldrüse getippt. Zugang gelegt, Schmerzmittel und Medikament gegen Übelkeit, Anruf Leitstelle. Transport mit RTW in die Stadtklinik. 2 Jahre später hätten wir die Erfahrung gehabt mit Cortison i.v. zusätzlich zur Schmerztherapie. Es folgte wieder Ultraschall, Labor, Endosonographie. 14 Tage später war ich wieder dann wieder in der Arbeit. Ich wurde sofort wieder gut aufgenommen. Doch leider war dieser Perspektivenwechsel nichts für mich. Ich habe mich beruflich wieder zum Ursprung zurückbegeben. Ab November 2015 habe ich dann wieder gestartet in der Therapieplanung zu arbeiten; wie bereits vor der Geburt meines Sohnes. Nur in einer anderen Klinik. Hat mir sehr viel Freude bereitet.

Im Licht des Unbekannten

Kennst du das Gefühl: Das Leben steht still?

Für jeden von uns hat das eine andere Bedeutung. Hochzeit, Geburt, besondere Momente in der Partnerschaft, Urlaubsmomente usw.

Jeder hat mit solchen besonderen Momenten seine persönliche Erfahrung.

"Das Leben steht still" hat plötzlich eine andere Bedeutung für mich bekommen.

Ich kam außer Takt.

Oder war es mein Herz?

Ja es war mein Herz.

Und ich sage euch, es war, obwohl es nur ganz kurz war, eine Erfahrung, die mein Leben geprägt hat. Wie kam ich zu dieser Erfahrung?

In der Nacht vom 1. auf den 2. Januar 2016.

Freitagabend am 1.1. haben wir bei uns daheim mit meiner Freundin, ihrem Mann und Sohn wie jedes Jahr Traumschiff im TV geschaut. Unser Ritual! Sie machen immer Winterurlaub bei uns im Ort. Seit Silvester plagte mich ein Nasennebenhöhleninfekt mit etwas erhöhter Temperatur. Aufgrund dieses Infektes plus meiner Bauchspeicheldrüsengeschichte habe ich das jährliche Fondue und Raclette nur zur Hälfte genossen. Wobei mein Monster echt brav war. Am 1. Januar sind wir zur Bereitschaftspraxis gefahren. Dort bekam ich ein Antibiotikum für den Infekt und ich habe dann gleich angefangen es einzunehmen. Somit gab es keine heiße Schokolade für mich zum Traumschiff. Diese gab es dann nur für den Sohn meiner Freundin. Selbstgemachte heiße Schokolade von meinem Mann Robert. Um 23 Uhr bin ich ins Bett gegangen. Eine unserer Zwillingsmädchen hat in dieser Nacht bei uns im Bett geschlafen. Ca. 4 Uhr bin ich aufgewacht. Ein unheimlich starker, stechender und mir den atemraubenden Schmerz hat mich aus dem Schlaf gerissen. Meine Tochter lag auf mir. Sie wurde sozusagen mit Wucht und tief schlafend von mir geworfen. Mein Mann wurde durch mein Geschrei vor Schmerzen wach. Schnell hat er C. ins Kinderzimmer verfrachtet, der Notruf gewählt. Das RTW-Team war sehr schnell da. Der Notarzt hat etwas gedauert, er kam von Bad Tölz. Mein Hausarzt, der bei uns im Ort und Umgebung Notarzt ist, war in seinem wohlverdienten Urlaub. In dieser Nacht war es sehr glatt und kalt. So brauchte der Notarzt etwas länger, war aber dennoch bald da. Das RTW-Team sah, wie ich beieinander war, da wurde nicht lange erst im Schlafzimmer versorgt. Sie haben mich gleich nach unten in den RTW gebracht. Vitalwerte gemessen, alles für den venösen Zugang vorbereitet. Der NA kam in den RTW, kurze Information, und da ich ja leider eine bekannte Patientin war konnte schnell gehandelt werden. Zugang gelegt, Schmerzmittel und etwas gegen die Übelkeit gespritzt, Ringer Lösung angehängt und los ging es. Ab in die Stadtklinik. Doch diese verdammten Schmerzen wollten nicht aufhören. So

schlimm war es bisher noch nie! Auf halber Höhe der
Strecke wurde mir nochmals das Opiat gespritzt. Der
arme Notarzt konnte wohl mein Gejammer und Geschrei nicht mehr ertragen. Er hat immer versucht
mich abzulenken und zu beruhigen. Das war sehr
wertvoll für mich. Aber ich konnte diese fiesen
Schmerzen nicht mehr aushalten. Ich wollte am liebs-
ten sterben. Das diese Gedanken eine halbe Stunde
später in Kraft treten sollten - daran dachte niemand
und ich schon gleich gar nicht. Ankunft Notaufnahme. Supernette Krankenschwester, ich kannte sie
schon von meinen anderen Aufenthalten in der Notaufnahme. Nicht nur meine Bauchspeicheldrüse, nein
auch mein Asthma und meine Allergien haben mir
schon einige Aufenthalte dort beschert. Das Team
brachte mich in die U6. Monitoring, Vitalzeichen, Labor erfolgte durch die Krankenschwester. Dann kam
der diensthabende Arzt. Oh was habe ich mich gefreut, dass er Dienst hatte. So sahen wir uns in der

Notaufnahme und nicht im Eisstadion am Sonntag. Es folgte Labor, Ultraschall.

Dann war plötzlich alles ganz still und dunkel.

Diese Stille - eine besondere Stille.

So etwas habe ich noch nie erlebt.

Komm Andrea, geh durch den dunklen Gang. Ja ich komme mit.

Oh, wie wunderschön ist das denn bitte?

Ein unheimlich helles warmes Licht tat sich vor mir auf. Viele einzelne Strahlen gehen von der Mitte aus.

Und dann war er da, dieser eine besondere Moment - ich gehe durch das Licht. Hinein in eine andere Welt.

Wie schön es dort ist. Ist das das Paradies?

Der Himmel?

Grüne Wiesen, ein richtig schönes sattes Grün. Vögel zwitschern, die Bäume tragen ein farbenfrohes Kleid. Blumen in den schönsten Farben. Schmetterlinge tanzen in der Luft. Bienen summen. Es ist so friedlich hier. Da möchte ich bleiben.

Frieden, Ruhe, Stille, Harmonie - was für ein schöner Ort.

Hey, warum schreit die Frau jetzt "geht schon wieder weg". Von was redet die da? Und warum schlägt mir da immer jemand auf den Brustkorb? Sind die irre? Ich muss da jetzt mal schauen gehen. Setz mich auf die Lampe. Von dort kann ich gut sehen. Ja das gibt es nicht, das bin ja ich? Was treiben die da mit mir? Da wird ein paarmal auf meiner Brust rumgedrückt. Oh, ich hatte einen kleinen Atemstillstand. Dann schieben die mich einfach auf der Liege weg, erzählen was von einem Bild von meinem Brustkorb. Halt stopp, nehmt mich doch auch mit. Und so setzte ich mich einfach auf die Schulter des Arztes.

Ui was sind das für Geräte in diesem Raum? Da setz ich mich doch gleich auf die fahrbare Stange, die sagen das ist ein Röntgenapparat.

Und genau in dem Moment, wo das Bild gemacht wurde, wollte ich zurück in das Licht. Aber der nette

Arzt hat mich nicht gelassen, stattdessen haut der mich einfach. Wisst ihr was, die ärgern mich zu viel, ich gehe wieder in meine Welt, die ich gerade vorher gefunden habe.

Hallo, ich möchte bitte hierbleiben!

Es ist so kalt! Ich verstehe das alles nicht.

Aufgewacht bin ich kurz vor acht Uhr morgens. Auf der Intensivstation.

Langsam Andrea, jetzt heißt es erstmal sortieren.

Gepiepse, Kabelsalat. Nein da möchte ich nicht bleiben. Es ist so kalt hier. Eben war ich doch noch an diesem schönen warmen friedvollen Ort? Warum soll ich jetzt hier in der Kälte bleiben? Ach, wie schön war das vorhin. Augen auf! Schon kam die Intensivkrankenschwester. So eine liebe und nette.

Andrea, schön dass du wieder wach bist. Ja sehr schön. Wie viel Uhr ist es bitte? Was ist passiert? Ich habe nicht nur furchtbare Oberbauchschmerzen, nein auch Schmerzen im Brustkorb und beim Atmen.

Warte, ich hole eben den zuständigen Arzt und der erklärt dir dann alles. Genau in diesem Moment kam der Arzt von der Notaufnahme. Er hatte Dienstschluss und wollte kurz noch nach mir schauen. So durfte er mir erzählen, was in der Notaufnahme mit mir passiert war. Er hat mich doch tatsächlich aufgrund einer Atemdepression kurz reanimieren müssen. Es war kurz, aber hat stattgefunden. Und auf diese Erfahrung hätte ich gerne verzichten können. Dann ist er in seinen wohlverdienten Feierabend gegangen. Und ich? Ich lag im Bett und habe angefangen meine Gedanken zu sortieren. Mein Mann wurde informiert und er ist auch gleich in die Klinik zu mir gefahren. Dann stand er vor mir, etwas irritiert, weil ich auf der Intensivstation lag. Kommt an mein Bett und fragte mich was los sei. Ich hatte einen Herz- Kreislaufstillstand, wurde kurz reanimiert. Dreht sich um und geht.

Könnt ihr euch vorstellen, was das für ein Moment für mich war? Mein Mann dreht sich einfach um und lässt mich in meinem Chaos zurück. Ich war enttäuscht, wütend und traurig zugleich. Gedacht und gewünscht hatte ich mir, dass er mich in den Arm nimmt. Mich aufbaut und tröstet. Dann kam er wieder und sagte: Das stimmt ja wirklich. Ja sag mal, meint er echt ich mache Scherze? Sicher nicht. Nimm mich doch bitte endlich in den Arm. Nein, stattdessen musste er fahren da die drei Kinder alle im Auto in der Kälte saßen. Und so blieb ich mal wieder allein zurück.

Irgendwann kam die Visite und da wurde mir gesagt, dass meine Laborwerte so schlecht wären. Es folgte ein Telefonat mit den internistischen Kollegen im Klinikum Rechts der Isar. Dort sollte die Übernahme erfolgen, da in unserem Klinikum am Wochenende keine Möglichkeit der ERCP bestand. Bevor ich jedoch verlegt wurde, wollte ich meine Mama noch sehen. Aufgrund der starken Schmerzmittel und auch etwas zur Beruhigung kann ich gar nicht mehr genau sagen, ob meine Mama da war oder nicht. Dann kamen am frühen Nachmittag die Sanitäter, um mich zu verlegen. Sie waren sehr nett, haben mich ganz sanft vom Bett auf die Trage umgelagert. Mittlerweile hatte sich auch schon rumgesprochen was mit mir passiert war. In mir wütete immer noch der starke Schmerz und das Chaos der Gefühle. Wie sehr hätte ich da die Unterstützung meines Mannes gebraucht. Doch er tat das, was er immer tut: Überspielen.

Und dann nach mittlerweile fünf Jahren sagt er immer noch ich habe das falsch interpretiert. Aber ich kann das nicht vergessen. Immer wieder kommen bei bestimmten Situationen diese Worte zurück. Und weil mir das erlebte, nicht schon reichte kam es dann am nächsten Tag noch eine Stufe höher. Doch ich wusste nicht was passiert ist. Das erfuhr ich erst am Dienstag, wo ich wieder von Rechts der Isar nach Bad Tölz rückverlegt wurde.

Und da ist er,

dieser eine Moment,

an dem alles still ist um dich.

Was für eine Ruhe

Was für eine Wärme

Was für eine Stille

Hier möchte ich bleiben...

Doch da sprach Gott zu mir:

Deine Zeit ist noch nicht gekommen.

Du wirst gebraucht.

Ich werde dich schützen, ich werde dich stärken!

Glaube an mich!

Seit dieser Nahtoderfahrung bin ich noch gläubiger, als ich es immer war. Es ist für mich, als ob ich Jesus begegnet bin. Es ist schwer zu beschreiben und vielleicht auch zu verstehen. Aber für mich persönlich ist es so. Manch einer mag jetzt den Kopf schütteln oder sich über mich wundern.

Abschied und Dankbarkeit

Mein Opa hatte Sonntag früh gegen sechs Uhr den Hausnotruf ausgelöst. RTW und NA haben ihn dann in die Klinik nach Bad Tölz gebracht. Er hatte das Team gebeten seine Enkelin, die kennt ihr ja, ihr Mann Robert fährt auch Rettungsdienst, zu informieren. Doch das Team wusste um meine Situation Bescheid und hat gesagt, ja wir kümmern uns. Aber erst bringen wir sie in die Klinik.

Das dies der Beginn der letzten Monate meines geliebten Opapas sein würde, daran dachte niemand. Bis zum 22. April lag er mit immer wiederkehrenden Lungenentzündungen, die aufgrund seiner COPD nicht wirklich gut waren, stationär.

Im Februar hat er sich doch tatsächlich noch am Herzen operieren lassen. Eine Ärztin hat da keine Ruhe gegeben und meinen Opa sozusagen zur OP überredet. Die Ärzte in einem Münchner Klinikum waren sich nicht sicher, ob er die OP überleben würde. Ich habe an dem Tag, es war ein Freitag, gearbeitet. Meine Güte war ich nervös und angespannt. 12 Uhr hatte ich Feierabend. Ich bin gerade aus der Klinik raus, wo ich zu diesem Zeitpunkt gearbeitet hatte. Mein Handy klingelte, Schockmoment!

Wir hatten doch ausgemacht ich rufe am Nachmittag an und die Klinik nur wenn etwas wäre. Tief durchatmen und rangehen. Frau Ziller ihr Opa hat die Operation erstaunlich gut ohne Komplikationen überstanden. Hören sie mal, wir fahren ihn gerade auf die Intensivstation. Piep, Piep, Piep - ein gleichmäßiges piepen. Was für eine Erleichterung. Ich musste sofort meine Mama anrufen. Auch bei ihr viel die Anspannung ab. Gegen 20 Uhr sollte ich nochmals anrufen. Das habe ich selbstverständlich sehr gerne gemacht. Und es gab wieder gute Nachrichten. Sie konnten bereits extubieren. Wahnsinn – aber das ist mein Opa! Ein Kämpfer - habe ich mir bei ihm wohl abgeschaut. Samstag saß er bereits, einen Tag nach der großen

OP, im Pflegerollstuhl. Mama und Heiko waren zu Besuch. Ich konnte es nicht. Intensivstation hatte negative Gefühle für mich. Dienstag wurde er dann in die heimatnahe Klinik wieder zurückverlegt. Aufgrund seines jetzt stabilen Herzes gewann die COPD Überhand. Bakterien nisteten sich in der Lunge ein. Es erfolgte eine Antibiose nach der anderen. Um den Körper zu schonen und zu stabilisieren, wurde er in ein künstliches Koma versetzt. Koma, aufwachen, Koma so ging es dann die ganzen Monate. Ein ständiges auf und ab. Zwischendurch wurde noch ein Tracheostoma gelegt. Nie werde ich den Blick vergessen wo er aufgewacht ist nach der Narkose. Diese Augen. Sie sprachen zu mir; was tut ihr mir an. Sprechen konnte er nicht mehr dadurch. So haben wir uns mit Blickkontakt und Handzeichen verständigt.

Am Sonntag, den 17. April hatten wir ein ausführliches Gespräch mit den Ärzten. Wir haben beschlossen, dass wir keine weitere Therapie mehr durchführen und nur das nötigste noch machen. Mein Opa wollte und konnte nicht mehr. Und so haben wir schweren Herzens entschieden, dass wir auf die Ärzte hören. Opa wollte das auch. Ab diesen Zeitpunkt war uns klar, dass wir jederzeit mit dem Ende rechnen können. Teils ein beruhigendes Gefühl, dass sein Leid ein Ende haben wird, teils ein sehr trauriges Gefühl.

Donnerstagabend war ich wie jeden Abend bei ihm zu Besuch auf der Intensivstation. Dort hingen Bilder von mir und den drei Urenkeln. Mein Sohn war Sonntag noch zu Besuch, ab dann nicht mehr. Aber er hatte Opa nochmals gesehen. Die Zwillinge durften nicht rein da sie noch zu klein waren. Ich habe ihn wieder bei meinem Besuch erzählt, was alles so los ist bei uns, was draußen in der Welt passiert. Bevor ich dann gegangen bin, habe ich gesagt: Opa morgen komme ich nicht vorbei. Da bin ich mit Robert beim Konzert von DeSchoWieda im Kurhaus Bad Tölz. Komm dann Samstag wieder vorbei. Da schüttelt er mit seiner restlichen Kraft den Kopf so gut er konnte und eine kleine Träne lief über seine Backe. In diesem Moment wurde mir bewusst, dass dies ein Abschied heute wird. Ein Abschied für immer. Ich sagte zu ihm, wir sehen uns nicht mehr am Samstag? Ein Nicken. Es waren sehr emotionale Momente. Liebe und Dankbarkeit lagen in der Luft. An der Tür habe ich dann nochmals gewunken und ein Lächeln bekommen. Dieser letzte Moment ist tief in meinem Herzen verankert. Er war besonders. Freitagabend waren Robert, meine Freundin Daniela und ich beim Konzert. Unsere Nachbarin Dani hat auf die Zwillinge aufgepasst. Als ob wir es gewusst hätten. Ca. 22 Uhr kam eine SMS von meiner Mama: Opa ist gestorben. Kommst du rüber in die Klinik? Ja ich wollte unbedingt. Zuvor musste ich noch Robert und Daniela informieren. Mein Wunsch war es, dass sie bleiben. Und dann bin ich losgelaufen, durch den dunklen Kurpark rüber in die Stadtklinik.

Wie friedlich lag er da. Die Erlösung für meinen Opa. Wir saßen am Bett und haben Abschied genommen. Jeder für sich allein und ganz still. Die Pflege hat uns Zeit gegeben. An dieser Stelle möchte ich mich nochmals herzlich beim damaligen Team der Intensivstation bedanken, Ärzte und Pflege. Fast fünf Monate zuvor war ich an der Schwelle, bin umgekehrt. Jetzt durfte mein Opa dieses Phänomen erleben. Nur dass er weiterging und nicht mehr zurück.

Opa - Danke für alles, was du mir im Leben beigebracht hast!

Momente zwischen Leben und Tod

Mein Leben hat sich schon sehr verändert durch meine Nahtoderfahrung. Ich war aktiv in der Bereitschaft vom bayerischen roten Kreuz, Gruppenleitung einer Jugendrotkreuzgruppe in Bad Tölz und mein Ziel war es Erste-Hilfe-am-Kind Kursleiterin zu werden. Das wollte ich unbedingt machen. War mir eine Herzensangelegenheit. Weshalb werde ich erzählen und ich kann allen Eltern nur empfehlen macht so einen Kurs. Einen Tag nach der Pneumokokkenimpfung, die war am Donnerstag, dem 24.01.2013, der Zwillinge kam ich vom Einkaufen zurück. Als ich die Tür aufgeschlossen hatte, da hat mich eine innere Unruhe befallen. Ich bin die Treppe hinauf, hab die Einkäufe hingestellt und mich auf den Weg Richtung Kinderzimmer gemacht. Mein Mann rief mir noch aus unserer Küche zu, geh nicht rein, sie schlafen. Unsere C. war ein Schreikind. Von 24h hat das Mädel gefühlt 20h geschrien. Wir haben sie gepuckt. Ganz eng

eingepackt, wie die „Vatschenkindl" wo es Weih-
nachten gibt. Das hat ihr das Gefühl gegeben wie im
Mutterleib. Mein Gefühl sollte mich nicht trügen. L.
lag reglos und bereits blau angelaufen im Bettchen.
Ich schrie um Hilfe, habe L. hochgehoben, Atmung
geprüft, sie feste angepustet und glaub dreimal gedrückt. Dann die Erlösung. Das Kind hat wieder geat-
met und kurz darauf zu schreien angefangen. Ich hatte
so eine Angst, aber in dem Moment habe ich einfach
nur funktioniert. Und jetzt liebe Eltern: Bitte nicht
nachmachen! Wir haben beide Mädchen in ihre Baby-
schalen gepackt und sind in die Kinderarztpraxis nach
Bad Tölz notfallmäßig gefahren. Von dort aus wurde
L. mit mir zusammen via RTW nach München in die
Kinderklinik gebracht. Zur Untersuchung und Überwachung. Die Diagnose stand schnell. L. hatte ein sogenanntes ALTE Erlebnis, die Vorstufe des plötzlichen Kindstodes. Was für ein Riesenglück hatten wir
da bitte! Dienstag durfte ich sie mit nach Hause

nehmen. Einen Tag zuvor kam ihre Schwester stationär, beide Mädchen bekamen einen Monitor. Für uns
Eltern war der Monitor sehr beruhigend. Donnerstagabend begann dann mein Sohn uns Sorgen zu machen.
Freitagnachmittag bin ich dann mit ihm in die Notaufnahme in die Tölzer Klinik. Verdacht auf Blinddarm-
entzündung. Wir haben dann alles an notwenigen For-
mularen ausgefüllt, zur Sicherheit. Die Entfernung
des Blinddarms war einen Tag später angedacht, aber
falls es schnell gehen sollte, war eben schon alles unterschrieben. Es lief alles glatt. Samstag früh wurde er
operiert. Sein Papa und ich saßen bei ihm am Bett.
plötzlich läuft unser Sohn blau an. Ich schrie, sein Vater ist an sein Bett, ich lief panisch den Gang zum
Schwesternzimmer, Hilfe – mein Sohn stirbt rief ich.
Mir fiel in diesem Moment nichts anderes ein. Irgendwie habe ich nur funktioniert. Sofort reagierte das
Team. Sind ins Zimmer und wir Eltern standen im
Gang vor der Tür. Wir hatten solche Angst.

Entwarnung. Ihr Sohn hatte eine Atemdepression auf Schmerzmittel. Wir legen ihn zur Überwachung nochmal in den Aufwachraum, sie können mit.

Am Geburtstag meines Mannes, ein Monatag war es damals, wurden wir von einem piepsenden Monitor geweckt. L. hatte einen ganz komischen Husten. Ab zum Kinderarzt. Inhalationen sollten helfen. Abends dann ein NA Einsatz. Unsere L. hatte Atemprobleme, die Sättigung fiel. Ab nach München. Diagnose: RSV. Sauerstoffbrille, Inhalationen, etc. Mittwoch dann selbige Situation wie zwei Tage zuvor. Selber NA, selbe RTW Besatzung. Ab in die Klinik und wie zu erwarten: RSV. So blieben beide Mädchen eine Woche ohne uns Eltern stationär; wir waren auch erkrankt und durften so nicht in die Klinik.

Liebe Leser, das Thema Reanimation verfolgt mich. Merkt ihr das auch?

Und dann 2016 ich selbst. Mein Leben hinsichtlich solcher Geschichten geprägt und ich muss mir das von der Seele schreiben.

Die immer lacht - das ist mein Motto welches sich wie ein roter Faden durch mein Leben zieht.

Viele kuriose Geschichten habe ich während meiner Krankheit erlebt und bin immer noch dabei weitere zu erleben.

Ich möchte einfach aufklären in Bezug auf meine Erkrankung, meine Erlebnisse und Erfahrungen.

Die Reise durch die Therapie

2016 war ja für mich ein besonderes Jahr. Damit hatte ich ziemlich zu kämpfen. Und so beschloss ich in einem Gespräch mit meinem Hausarzt, dass eine psychologische Betreuung gut wäre. Posttraumatische Belastungsstörung, kurz PTBS genannt.

Und wer schon einmal ambulante psychologische Unterstützung in Anspruch genommen hat, der weiß, wie lange da die Wartezeit ist. Ich hatte Glück und musste „nur" 3 Monate warten. Meine Psychologin machte Traumatherapie, EMDR. Das fand ich zu Beginn ehrlich gesagt etwas spooky. Aber als ich die erste Sitzung hatte, da wusste ich: Das ist das richtige für mich. Meine Therapeutin hat mich da sehr sanft durch diese Reise zu meinem Trauma begleitet. Ich habe nochmals die Situation erlebt. Es ist ein bisschen wie Zugfahren. Du fährst an deiner erlebten Situation vorbei. Und immer mehr verblasst da die Erinnerung daran. Diese Sitzungen haben mich sehr viel Kraft gekostet. Es hat ziemlich nachgearbeitet in mir und die Verarbeitung dann zu Hause war oft sehr tränenreich. Auch nachdenklich.

Was EMDR genau ist, da verweise ich gerne auch das Glossar. Dort gibt es mehr Informationen und auch einen Link zum Nachlesen.

Was ich für mich noch lernen musste, das war professionelle Hilfe anzunehmen. Klar hatte ich Familie und Freunde, mit denen ich sprechen konnte. Aber ehrlich gesagt, da habe ich mich nicht so geöffnet wie bei einer fremden Person. Ich bin dann auch offen damit umgegangen, dass ich in Therapie war.

Manch einer mag sich denken, warum braucht die das? Psychologie ist heute immer noch nicht so, wie soll ich das jetzt schreiben, nicht so, dass man damit öffentlich geht. Es soll niemand wissen. Auch ich habe da schon komische Kommentare bekommen wie: So schlimm war das doch gar nicht. Warum brauchst du einen Psychologen? Der für mich schlimmste Kommentar war tatsächlich: Du und Seelenklemptner, so ein Schwachsinn. Lebe vernünftig, stell die Ernährung um und du bist so auch weniger krank. Dann hätte das alles vermieden werden können. Das muss ich sagen hat mich schon sehr getroffen. Aber ich habe dadurch auch gelernt. Wie sagt man so schön: Selten ein Schaden, wo auch ein Nutzen ist. Es gab auch eine Ärztin, die meinte damals ich hätte ein Problem mit Alkohol. In der Notaufnahme, sie hatte zufällig Dienst, ließ sie einen Alkoholtest machen. 0,00 Promille das Ergebnis. Ja, sagte ich doch. Ich trinke nichts. Denn ich habe schon immer nichts vertragen und es war auch uninteressant für mich. 2019 – 2021 habe ich keinen Tropfen Alkohol getrunken. Dieses Ereignis war ungefähr im Zeitraum 2015. Bei Visite wurde täglich das Thema angesprochen. Ich war schon genervt davon und fühlte mich abgestempelt.

Idiopathische Pankreatitis war die Diagnose. Weil man nicht genau wusste, woher diese Entzündungen kamen, da nimmt man sich halt den Alkohol. Das hat emotional sehr viel mit mir gemacht. Tränen und Gefühle der Wut, dem nicht Glauben. Nach ein paar Tagen war das Thema geklärt. Der Oberarzt hatte mit der Stationsärztin gesprochen.

Ich durfte in den kommenden Jahren noch sehr viel lernen.

Heute kann ich sagen, ich bin dadurch gewachsen.

Das Ringen mit dem Unbekannten

Und es geht munter weiter.

Was muss ein Mensch denn alles aushalten?

Da gibt es mittlerweile schon Sprüche wie:

Du bist dauernd krank.

Du musst was ändern.

Hast du schon mal gedacht die Ernährung umzustellen?

Das doch nicht normal.

Warum hast du immer was?

Wenn ich Antworten hätte auf das Warum, dann würde ich schon längst dafür sorgen, nicht mehr krank zu sein.

Oder meint ihr etwa es macht Spaß?

Zur Abwechslung hat dann meine Lunge im Juli mal Aufmerksamkeit bekommen. Eine allergische Reaktion sorgte für Eskalation.

Und dann wurde es Oktober. 1Woche vor meinem 40. Geburtstag wurde ich wegen akuter starker

Oberbauchschmerzen ins Klinikum eingewiesen. Man befand sich erneut auf Ursachenforschung. Magenspiegelung die x-te erfolgte. Irgendwann habe ich aufgehört zu zählen. Das Beste an dem ganzen Spiegelei immer war das Propofol. Für ein paar Minuten alles vergessen. Die Schmerzen, die Übelkeit, alles um einen herum. Die Nacht auf meinen 40er habe ich dann im Klinikum verbracht. Eigentlich wollte ich feiern. Mit einer großen Party und Familie und Freunden. Spaß haben, tanzen, gute Gespräche, einfach mal die Sau rauslassen. Krankheit vergessen und genießen. Naja, Satz mit X das war wohl nix. Zum Frühstück bekam ich eine Glückwunschkarte der Klinik und eine kleine Tafel Schokolade mit Glückwünschen und Luftballons als Motiv. Das fand ich schon sehr nett. Und zur Feier des Tages durfte ich nach Hause. Wenigstens etwas positives. Von meiner Freundin Daniela bekam ich ein T-Shirt von Andreas Gabalier mit dem Schriftzug Hulapalu. Das habe ich heute noch und ich habe mich da riesig drüber gefreut. Ich bin ein großer Andi Fan. Wir waren jedes Jahr auf einem Konzert von ihm in München und sogar einmal bei der Winterparty in Seefeld. Meine Gabalier Fan Crew, so nenne ich meine Mädels und Jungs, die mit mir immer on Tour sind, und ich hatten immer richtig viel Spaß bei den Konzerten. Da habe ich Kraft getankt und die Krankheit vergessen. Einmal war meine Bauchspeicheldrüse sehr lieb zu mir. Sie lies mich Samstag noch im Olympiastadion feiern und Sonntag dann war sie böse. Ab in die Klinik. Ein erneuter Schub. Verrückt. Viele haben mich auch echt für unvernünftig erklärt. Aber ganz ehrlich, ich wusste ja nie, wann das Monster loslegt. Soll ich nur daheimsitzen und warten, bis das Monster sagt: Juchu, ich habe jetzt Lust Andrea zu ärgern? Nein sicherlich nicht. Ablenkung und Quality Time, das war wichtig für mich. bzw. ist mir immer noch wichtig.

Oktober war mein Geburtstag. Im November dann ein
erneuter Schub mit Stent-Wechsel in einer
ERCP. Zwei Stent fanden ein zu Hause bei mir. Einer
im Gallengang, einer im Bauchspeicheldrüsengang.
Der Abfluss war wieder gestört. Es folgte das übliche
Procedere mit venöser Schmerztherapie, Magenschutz
i.v., Medikamente gegen Übelkeit und Erbrechen
i.v... Nach ein paar Tagen durfte ich wieder nach
Hause. Allerdings war das eher ein Kurzurlaub. 8
Tage später bekam ich wieder plötzlich starke
Schmerzen. Diese fiesen Schmerzen kamen immer
plötzlich, nicht schleichend. Eher mittelstark bis stark,
unerträglich. Von Null auf Hundert. Man wird immer
nach der Intensität gefragt. Null ist kein Schmerz, 10
das Höchste. 9 oder 10 waren meine Schmerzen immer. Es begann das übliche Procedere. Klinik,
Schmerztherapie, Stentwechsel.

Magische Momente und ein Flug

Im Oktober 2017 habe ich dann die Klinik gewechselt. Nicht weil ich unzufrieden mit der Behandlung war oder falsch behandelt wurde, sondern für eine zweite Meinung. Dort habe ich dann im Oktober 2017 eine ERCP bekommen mit einer erneuten Stent Einlage in dem Pankreas – und Gallengang. Ebenso lief weitere Diagnostik. Dort habe ich auch meinen Geburtstag gefeiert. Mit Kamillentee haben meine Zimmerkollegin und ich Mitternacht angestoßen. Leider ist sie mittlerweile verstorben. Aber wir hatten in den paar Tagen echt Spaß. Wisst ihr, dass ich zaubern kann? Ich kann einen Teelöffel an der Gabel hochziehen und über das durchaus gute Mittagessen halten. Der tanzende Teelöffel sagte meine Bettnachbarin. Juchuuuu – ich besitze magische Kräfte!

Soll ich auflösen? Das Besteck in der Klinik war magnetisch!

2018 kam dann die Verdachtsdiagnose eosinophile Pankreatitis. Eine sehr seltene Erkrankung wie mir der Professor mitteilte. Damals waren weltweit an die 6 Patienten bekannt. Es gab auch kein Therapieschema dafür. Mittlerweile sind die Medizin und Forschung viel weiter, und es gibt Antikörper dafür zum Spritzen. Ich bekomme seit ein paar Jahren bereits Antikörper (Benralizumab) für das eosinophile Asthma, aber die Hoffnung, sie wirken auf die Bauchspeicheldrüse, die wurde leider nicht erfüllt. Wir begannen dann in einem Schub mit einer hochdosierten Cortisontherapie i.v. Therapie. Im Laufe des stationären Aufenthaltes begannen wir mit einer dauerhaften oralen Cortisontherapie in Tablettenform. Das hat etwas geholfen. Zusätzlich begannen wir eine Therapie mit einem Immunsuppressivum (Azathioprin) und einer Infusionstherapie mit einem Biologika (Infliximab). Ebenso bekam ich ein Medikament zur Schmerzlinderung (Duloxetin). Dies und die gesamte andere Medikamentenkombination haben schon geholfen – auch meinem Gewicht. Das ging stetig nach oben. Ich fühlte mich wie eine Hummel. Aufgeblasen, schwer, einfach nicht mehr Ich. Natürlich ist mir klar, dass ich da nicht für verantwortlich bin und es ja prinzipiell meiner Gesundheit dient. Jedoch habe ich mich trotzdem sehr unwohl gefühlt. Von Kleidergröße 38 auf 44/46. Nein, das war ich definitiv nicht mehr. Bis Ende 2019 war es ein ständiger Wechsel zwischen Klinik und zu Hause. Jedes Mal der gleiche Mist. Plötzlich auftretende massivste gürtelförmige Oberbauchschmerzen, Übelkeit, Erbrechen. Trotz Schmerzpflaster namens Buprenorphin. Die orange Hosenfraktion durfte öfters anrücken. Das war schon sehr unangenehm immer. Die RTWs fanden ja schon selbständig zu uns heim. Ich könnte Seiten füllen mit den zahlreichen stationären Aufenthalten und den vielen, teilweise echt kuriosen Erlebnissen. Aber das würde den Rahmen sprengen und es wäre doch immer irgendwie dasselbe.

Hier ein paar Erlebnisse in Kurzform:

Während eines Aufenthaltes in der Münchner Klinik lag ich in einem 3-Bett Zimmer. Allerdings zu zweit. Meine Zimmerkollegin fand ich ab der ersten Sekunde etwas eigenartig. Ich hatte ein komisches Gefühl und auch Angst. In der Nacht bin ich aufgewacht, es war Vollmond. Die Dame kroch unter meinem Bett und murmelte immer Wörter wie: ich finde dich, weg mit dir, du wirst mich nicht beherrschen, lass mich in Ruhe, das wirst du büßen. Leider habe ich nicht alle verstanden, wäre sicherlich sehr interessant gewesen. Mir hat die Situation Angst gemacht und ich habe der Nachtschwester geläutet. Die kam und war auch etwas irritiert über das Verhalten. Sie ging gleich wieder hinaus, telefonierte und kam dann mit einem Dienstarzt zurück. Zu zweit sprachen sie mit der Dame vorsichtig und sie kam dann unter meinem Bett hervor. Dann gehörte mir das Zimmer allein. Bei einem anderen Aufenthalt hat mir die Servicekraft Gänsehaut bereitet. Sie singt professionell und da ich es nie zu ihren Auftritten geschafft hatte, bekam ich eine Sondervorstellung. Halleluja hat sie gesungen. Was war das für ein unheimlich schöner Moment. Mit Tränen in den Augen, Gänsehaut und Wärme im Herzen war ich dann allein im Zimmer, sie musste weiter. Im Nebenzimmer lag eine Dame, palliativ. Dann hat sie gefragt, ob sie nochmal für sie singen könnte. Auch da gab es Tränen der Freude für diesen besonderen Moment. Meine liebe, wenn du dieses Buch lesen solltest, du weißt gar nicht was du mir und der Dame für eine Freude gemacht hast. Du bist wundervoll!

Ein Flug mit Christoph Murnau zählt auch zu meinen Erlebnissen. Dies geschah an einem Samstagvormittag im April 2018.

Bist du schonmal mit einem Rettungshubschrauber geflogen? Ich bis dato noch nicht. Sah ihn bisher nur immer am Brauneck, den umliegenden Bergen oder am Sportplatz. Samstagmorgen, 7:30 Uhr bei uns zu Hause. Wir sind alle erst aufgewacht. Samstag musste ich immer nüchtern meine Tablette für den Knochenaufbau nehmen. Mein Bauchgefühl sagte mir von Anfang an, dass wir uns nicht vertragen werden. Aber ich bin ja eine brave Patientin und mache alles, was die Mediziner mir so alles sagen und geben. Mir war schon etwas übel, als ich aufgewacht bin, und ich hatte leichte Oberbauchschmerzen. Diese haben sich allerdings plötzlich in stärkste Schmerzen umgewandelt. So blieb meinem Mann nichts übrig als wieder einmal den Notruf zu wählen. So stand früh um 8 Uhr Rettungsdienst und Notarzt im Wohnzimmer. Unsere damals 5jährigen Zwillingsmädchen haben sich nicht stören lassen beim Frühstück. Wir haben unseren Essbereich im Wohnzimmer integriert. Die Mädchen haben sogar das Team gefragt, ob sie denn schon gefrühstückt haben. Meinte der Notarzt: Nein, weil euer

Papa den Alarm ausgelöst hat und ich zu eurer Mama fahren musste. Und um die kümmern wir uns jetzt erstmal. Ja das ist gut. Aber wir können schon Kaffee aus der Maschine kochen und Müsli haben wir auch genug. So die Antwort der kleineren der Mädchen. Dieser Text löste ein Schmunzeln bei allen aus. Los ging die Suche nach einer geeigneten Vene für den venösen Zugang. Wie ich bereits öfters schon erwähnt hatte keine leichte Aufgabe. Was waren das für unerträgliche Schmerzen. Einer der Notfallsanitäter kam dann auf die Idee mich in die Klinik fliegen zu lassen. Der Notarzt war auch gleich dafür. So würde über die ILS (integrierte Leitstelle) der Transport mit Christoph Murnau bestellt. Als ich das gehört habe, da bekam ich erstmal einen Schreck und leichte Panik. Diese Option war allerdings sinnvoll. Es war ein Samstag, schönes Wetter und viele Ausflügler aus der Stadt machen sich an solchen Tagen auf den Weg raus in die Berge. Das Klinikum, wo ich hinsollte, lag genau in der Richtung, wo es sich jedes Wochenende staut. Aufgrund dieser Verkehrslage und meiner starken Schmerzen wurde dann die Option Hubschrauber. Da bei uns kein Hubschrauber landen konnte wurde ich mit dem RTW zum Festplatz gefahren. Wer mich kennt, der weiß, mir kann es noch so schlecht gehen, ich gehe die Treppen selbst hinunter, gestützt, aber ich gehe. Tragestuhl kommt für mich nicht in Frage. Ziemlich zeitgleich mit uns kam auch der Hubschrauber am Festplatz an. Ich hatte Angst! Das war komplett Neuland für mich. Meine Schmerzen wollten an diesem Tag so gar nicht besser werden. Das Team vom RTH war richtig nett und die Umlagerung war schnell geschehen. Was mich allerdings an der gesamten Situation extrem störte, das waren die Menschen, die plötzlich nichts zu tun hatten und schauen mussten. Der Bahnhof liegt direkt neben dem Sportplatz bzw. Festplatz. Durch die Unterführung kamen sie und schauten. Drüben am Bahngleis

ebenfalls. Ein Hubschrauber – hier steht ein Hubschrauber! Hoffentlich sehen wir wer da geflogen
wird. Mir war das bis zu diesem Zeitpunkt nicht so
bewusst wie störend und unangenehm das für den Patienten ist. Jetzt war ich wach. Wenn ich mir vorstelle,
beatmet in dieser Situation. Da möchte ich gar nicht
dran denken.

Ja – ich gebe es zu. Ich schau auch wenn ein Hubschrauber über unser Haus fliegt, in welche Richtung
es geht. Oder wir kommen zufällig vorbei. Da bleiben
wir aber nicht stehen. Die Mädels haben auch schon
zugeschaut, wo in der Nähe am Parkplatz ein Hubschrauber gelandet war. Allerdings aus der Entfernung
und auch erst, wo der Patient schon drinnen war, und
der Hubschrauber gestartet ist. Ganz ehrlich – es ist
auch ein Automatismus zu schauen. Wer sagt, er schaut
da gar nicht, ich bin mir nicht sicher, ob es da wirklich
wem gibt. Bei Kindern sage ich nichts, aber es waren
bei mir überwiegend Erwachsene. Dann ging es ans

Einladen. Hilfe – was war das eng. Ich habe echt Angst bekommen als die mich in den RTH geschoben haben. Als ich dann drinnen war, da war ich echt erstaunt über den Platz. Die beiden Notärzte haben Übergabe gemacht, ich wurde verkabelt, Kopfhörer auf. Der Notarzt hat sich neben mich gesetzt und dann ging es los. Wir heben ab.

Du lieber Himmel, was für ein komisches Gefühl. Schwer zu beschreiben. Was noch richtig lustig an dieser Situation: Der Pilot ist aufgrund der vielen Zuschauer etwas über den Festplatz „getänzelt". Da es trocken war, wurde es eine staubige Angelegenheit. Dann gings richtig los. Gerade in die Luft und als wir die gewünschte Höhe erreicht hatten, machten wir eine Kurve. Das war ein komisches Gefühl.

Die „Schnauze" ging nach unten und somit auch mein Kopf. Ging alles richtig schnell und dann sind wir geflogen. Das Wetter war bombastisch und der Notarzt meinte, wenn ich es schaffe, dann soll ich ruhig aus dem Fenster schauen. Das habe ich trotz arger Schmerzen und Übelkeit gemacht und ich war begeistert, was für eine wunderbare Aussicht das war. So hatte meine Erkrankung auch was Gutes, insofern man da von gut sprechen kann. Aber wann wäre ich schonmal in den Genuss eines Hubschrauberflug gekommen. Bei diesem Aufenthalt bin ich auf der Intensivstation gelandet. Das war auch ein Erlebnis für sich. Neben mir, wir waren durch einen Vorhang getrennt, lag ein älterer Mann. Verwirrt. Steht er tatsächlich auf, komplett verkabelt. Vorhang zur Seite und ruft: Schatzi, ich bin gleich bei dir. Er wollte sich zu mir ins Bett legen. Gut, dass es Alarm gab und die Schwester gleichkam. Das war eine sehr unangenehme Situation. Ich war nicht fähig mich zu bewegen. Blasenkatheter, Infusionen und die ganze Verkabelung hinderten mich zu flüchten. Meine weitere Behandlung war im Verlauf wie immer. ERCP mit Stentwechsel, Schmerztherapie.

In diesen zahlreichen Aufenthalten hatte ich immer Glück mit meinen Zimmerkolleginnen. Wir haben trotz Krankheit viel gelacht und gute Gespräche geführt. Was auch an positiven Erlebnissen war, ist das, ich habe ganz großartige Krankenschwestern kennengelernt. Und bin auch heute noch mit einigen in Kontakt. Ebenso mit einer Mitarbeiterin aus einer anderen Abteilung bin ich befreundet. Wir haben uns als Patientinnen kennengelernt. Diese Tage zusammen im Zimmer sind unvergesslich. Wir haben zusammen gelacht, geweint, geschimpft und uns auch über einiges gewundert. Mir fallen da so einige Situationen ein, aber die kann ich leider aufgrund von Datenschutz nicht veröffentlichen. Nur so viel, die Diagnosen von uns beiden sind oder waren etwas speziell und unser Zimmer war laut unserer Meinung ein Katastrophenzimmer.

Wir sind zwei besondere Spezies. Stört uns nicht, genau deshalb passen wir so gut zusammen.

Hab dich sehr gerne und bin froh, dass wir uns weiterhin so gut verstehen. Auch wenn wir nicht gerade um die Ecke wohnen.

Jahrestag

22. April 2022

Der Tag heute ist ein besonderer Tag. 6 Jahre ohne dich Opa! Was du wohl gesagt hättest, dass deine Enkelin schreibt und in 6 Tagen eine Selbsthilfegruppe für Bauchspeicheldrüsenerkrankte eröffnet?

Ich denke du wärst stolz auf mich!

Ein wichtiger Termin war heute auch für mich. Seit Oktober schiebe ich diesen Termin vor mich hin. Im Dezember habe ich mich durchgerungen einen Termin zu vereinbaren. Bei einem sehr sympathischen und auch, wie ich bei meinen Recherchen, erfahren habe, sehr erfahrenen und guten Neurogastroenterologen. Fast 3 Stunden Fahrt lagen hinter uns. Mein Mann ist mit mir gefahren. Das ist mir immer sehr wichtig ihn dabei zu haben so oft es geht. Der Termin war wichtig für mich. Einen Tag zuvor wurde ich entlassen vom Klinikum in München. Der Aufenthalt war für mich ernüchternd auf die eine Art. Meine

Problematik nach der Bauchspeicheldrüsenentfernung und Magenteilresektion bekam einen Namen. Dumping Syndrom und zugleich ein nicht mehr so funktionierender Dickdarm. Der Magen Dünndarm Trakt arbeitet zu schnell und der Dickdarm zu langsam. Ein Chaos in meinem Bauch. Essen ist ein Problem für mich. Übelkeit, Völlegefühl, Schmerzen, teilweise massive Kreislaufprobleme beim Toilettengang usw. begleiten mich nach den Mahlzeiten. In Zusammenarbeit mit einem hervorragenden Diätassistenten vom Klinikum und den dortigen Ärzten wurde ein Konzept erstellt. Hochkalorische Trinknahrung, um Energie zu bekommen. Stündlich kleine Portionen essen. Am Rückweg des Termins sind wir zu einen Fastfood Lokal gefahren, mein Mann wollte eine Kleinigkeit essen (ist nicht die Regel bei uns). Auch ich habe einen kleinen Burger gegessen und hatte noch immer Hunger. Aber ich wusste es geht nicht gut aus. So saß ich meinen Mann gegenüber, habe ihn zugeschaut und mir die Tränen verdrückt. Mir wurde in diesem Moment bewusst: Andrea es wird nicht mehr so wie es war. Meine Hoffnung ist bei weiterführenden Untersuchungen im zweiten Halbjahr 2022 eine Therapie zu bekommen.

Zu Hause sprachen wir über den Termin und wie so alles gekommen ist. Dann sprach mein Mann etwas aus: So habe ich mir die Zukunft nach der großen Operation letztes Jahr nicht vorgestellt. Das ist ein Fass ohne Boden. Ja irgendwie hat er Recht!

Die immer lacht ist wohl in Urlaub!

Es gab tausende Momente, wo ich aufgeben wollte.

5 Tage zum Jahrestag von meinen 3.0
27.April 2022

Neubeginn

28. April 2022

Mein großer Tag ist gekommen

Ich darf als Betroffene für die Landkreise Bad Tölz-Wolfratshausen, Garmisch-Partenkirchen, Miesbach und Umgebung die Regionalgruppe für Bauchspeicheldrüsenerkrankte über den Arbeitskreis der Pankreatektomierten e.V. Bonn eröffnen.

Die Regionalgruppe Oberland ist mir sehr wichtig. Hätte es so eine Gruppe hier in der Umgebung gegeben, ich wäre da sehr gerne dabei gewesen. Zu meiner Zeit gab es in München eine Gruppe, die war mir allerdings zu weit entfernt. Auch lies es mein Gesundheitszustand nicht zu, die Strecke auf mich zu nehmen. Der Austausch untereinander, die Gespräche mit Angehörigen, Erfahrungen sind eine große Stütze für uns Betroffene. Die ehrenamtliche Tätigkeit gibt mir etwas Halt und das Gefühl etwas zu tun.

Seit Januar 2021 war ich nicht mehr arbeiten. Im Mai 2021 wurde die Erwerbsunfähigkeitsrente beantragt und auch im November dann genehmigt. Das war für mich schon ein sehr komisches Gefühl. Als ich das Schreiben mit der Genehmigung zur damals befristeten Erwerbsunfähigkeitsrente in der Hand hielt, da musste ich weinen. Ich liebe meinen Beruf, und jetzt soll das länger nicht möglich sein? Es war definitiv richtig. Trotzdem fühlte ich mich da zu Beginn nicht wohl.

Nutzlos, ungebraucht, am Abstellgleis.

Hier endet meine Geschichte vorerst.

Ich kann verraten, dass es mit mir nicht langweilig wird.

In diesem Sinne:

Ich kann auch ohne – wenn auch anders

AUFGEBEN IST KEINE OPTION

Glossar

Dipidolor

Wirkstoff Piritramid. Starkes Schmerzmittel. Betäubungsmittel kurz BTM

EMDR

EMDR steht für Eye Movement Desensitization and Reprocessing, was auf Deutsch "Desensibilisierung und Verarbeitung durch Augenbewegung" bedeutet. Weitere Informationen unter www.emdria.de

Enzymsubstitution

Aufnahme der Pankreasenzyme oral zu den Mahlzeiten

ERCP

Endoskopische Untersuchung von Gallengang, Gallengwege und Bauchspeicheldrüse

IPMN (Intraduktale papillär-muzinöse Neoplasie)

Unterart der zystischen Pankreasneoplasien (Quelle Wikipedia

Jejunokath (Dünndarmsonde)

Ernährungssonde, die im Jejunum (Leerdarm) liegt

MRCP

Untersuchung der Gallenwege und des Bauchspeicheldrüsengangs durch Kernspintomographie

COPD

Chronisch Obstruktive Lungenerkrankung.

Pankreas

Bauchspeicheldrüse (BSD)

Pankreatitis

Entzündung der Bauchspeicheldrüse

Pankreaskopf/-schwanz

Bauchspeicheldrüsenkopf/-schwanz

Pankreopriver Diabetes

Diabetes aufgrund Entfernung der BSD, Diabetes Typ3c, Insulinpflichtig

Pankreaszentrum

zertifizierte Kliniken für Bauchspeicheldrüsenerkrankungen

Propofol

Narkosemittel, welches direkt in die Vene gespritzt wird (intravenös). Z.B. bei Magen-, Darmspiegelung, ERCP etc.

Rettungsdienst

Orange Hosenfraktion, so nenne ich den Rettungsdienst

NA

Notarzt

NFS

Notfallsanitäter

RS

Rettungssanitäter

RTW

Rettungstransportwagen

KTW

Krankentransportwagen

RTH

Rettungshubschrauber

Vomex

Medikament (Wirkstoff Dimenhydrinat) gegen Übelkeit & Erbrechen

Es gibt so viel Wörter, die ich erklären könnte. Teilweise habe ich es im laufenden Text schon erklärt.

Nicht böse sein, wenn es Wörter gibt, die „spanische Dörfer" sind. Das www hat gute Erklärungen -meistens....

Arbeitskreis der Pankreatektomierten e.V. (AdP)
Hier findet man alles rund um die Bauchspeicheldrüse. Regionalgruppen, Pankreaszentren und vieles mehr. Die Regionalgruppe Oberland (PLZ 82,83...) wird von mir geführt. www.adp-bonn.de

Nachwort

Es gab ein Bild auf einer sozialen Medienseite mit den Worten:

Viel zu oft verschweigt man seine wahren Gefühle und versteckt sich hinter einer perfekt aufgebauten Fassade!

Wahre Worte stehen da auf diesem Bild. Auch ich habe mir diese Fassade in den Jahren aufgebaut.

Mitleid – das schlägt einem entgegen.

Doch braucht ein Mensch Mitleid?

Mitgefühl wird oft mit Mitleid gepaart.

Chronische Erkrankungen werden in unserer Leistungsgesellschaft zum Problem.

Funktioniert man nicht – wird man aussortiert.

Beruflich wie privat.

Genau das ist es, was einem chronisch Kranken zusetzt.

Wo ich diese Worte auf meinem Facebook Profil geschrieben habe (9.März2021), da lag ich gerade wieder akutstationär. Bereits wieder auf dem Weg der Besserung. Es war definitiv nicht mein Plan, dieser Rückschritt. Doch jetzt ist es so, und ich muss es annehmen.

Meint ihr – es ist leicht nicht selbst zu essen?

Das ich mit Absicht krank bin?

Starke akute Schmerzen aushalten?

Aufgrund katastrophaler Venen keinen Zugang für das erlösende Schmerzmittel?

Ein Notarzt, der dich ratlos anschaut und sagt: Es tut mir leid, ich bekomme keinen Zugang gelegt.

An diesem Tag war es mein Rekord der gesamten Versuche einen Zugang gelegt zu bekommen: 24 Stunden später endlich ein Zugang; 23 Versuche vom Eintreffen Notarzt bis zur Station über die Notaufnahme. Die Schmerzbekämpfung wurde nasal, intramuskulär und subkutan so lange durchgeführt.

Ich würde so gerne tauschen!!!

Wer möchte?

Niemand – das ist mir klar!

Sorry für diese Worte, aber es war mir ein Bedürfnis dies zu schreiben.

Einfach mal überlegen und sich gedanklich in die Situation des Kranken hineinfühlen. Ach ja: ich bin an diesem Tag noch richtig stolz auf mich gewesen. Die Jejunokath musste angenäht werden – und ich habe das ohne lokale Betäubung gemacht. Der Arzt meinte lächelnd zu mir: Gut, dass sie kein Mann sind. Da musste ich auch schmunzeln.

Was möchte ich euch mitgeben?

Schaut öfters hinter die Fassade eures Gegenübers!

Danksagung

Wenn ich jetzt anfangen würde alle namentlich zu erwähnen, denen ich Danke sagen möchte, da braucht es ein extra Buch.

Vorab möchte ich mich bei allen entschuldigen, die hier nicht erwähnt worden sind.

- Ein großes Danke an die, die hier nicht erwähnt werden, aber mir dennoch in all den Jahren zur Seite gestanden sind.

- Danke an alle, die sich angesprochen fühlen.

- Der größte Dank geht an meine Familie! Meine Mama und Heiko, meinen Mann, meine 3 Kinder! Ihr habt so viel mitgemacht mit mir, tut es immer noch!

- Meinen Freundeskreis – danke, dass ihr zu mir gestanden seid und es auch noch immer tut.

- Meinen Arbeitskolleginnen, meinen Chefs. Seit Beginn mit meiner Ausbildung.
- Den Erzieherinnen vom Kindergarten Lenggries und den Lehrkräften der Grundschule Lenggries, Realschule Bad Tölz! Sie alle haben unsere Kinder immer gut aufgefangen, wenn ich wieder notfallmäßig im Klinikum lag.
- Der Kinderarztpraxis, den Psychologinnen
- Meinen ganzen Klinikbekanntschaften, ihr habt mir die Zeit echt versüßt.
- Meinen zahlreichen Ärzten, die mich in den ganzen Jahren betreut haben.
- Meinen früheren Hausarzt und dem Praxisteam, Danke. Sie haben mich ab dem 7. Lebensjahr begleitet. Vielen Dank für die perfekte Betreuung und auch, dass wir anrufen, durften außerhalb der Sprechzeiten. Sie waren ein außergewöhnlich menschlicher

und engagierter Arzt. Sein Nachfolger betreut mich mittlerweile, wenn mein Hausarzt im Urlaub ist.

- Meinem aktuellen Hausarzt, zugleich Notarzt bei uns am Ort, mit seinem spitzen Praxisteam. Da möchte ich mich ebenfalls für die sehr gute Betreuung bedanken. Auch für das Dasein außerhalb der Sprechzeiten.

- Der ILS Oberland und dem Rettungsdienst KV Bad Tölz-Wolfratshausen Süd. Allen anderen, die mich fahren und fliegen durften.

- Meinen Professoren, den Klinikärzten, dem Pflegepersonal.

- Ein großes Danke an Alex Hofmann Photography. Alex hat im Juni 2021 das Titelbild gemacht im Rahmen seiner Serie „Spotlight". Im November 2023 in seinem Studio dann das Portraitfoto. www.alexhofmann.org

- Besonderer Dank an Prof. Dr. med. Helmut Friess und Prof. Dr. Dr. Ekin Demir vom Klinikum Rechts der Isar München für die Freigabe.
- Vielen lieben Dank Regina fürs Probelesen.
- Danke an alle, die mich bei diesem Projekt unterstützt haben.
- Danke dem Arbeitskreis der Pankreatektomierten e.V.
  Besonderer Dank unseren Regionalgruppenkoordinator Süd, der BGS und dem Vorstand
  www.adp-bonn.de
- Ein ganz besonderer Dank gilt den Seelsorgern in den verschiedenen Kliniken und meiner Heimatpfarrei, die immer ein offenes Ohr für mich hatten/haben. Aus den vielen Gesprächen konnte ich Kraft schöpfen nicht aufzugeben. Auch das Sakrament der

Krankensalbung und der Besuch von Gottes-
diensten in den Kliniken, daheim oder auch
per Übertragung haben mich immer wieder
berührt und aufgebaut.

Erstellung und Gestaltung wurden mithilfe von WriteControl vorgenommen. Einzelne Kapitel wurden Korrektur gelesen von medizinischer Seite. Dies sind alles meine persönlichen Eindrücke und Erfahrungen. Niemand wird hier ohne Genehmigung namentlich erwähnt.

Impressum: Bibliographische Information der Deutschen Nationalbibliothek: Die Deutsche Nationalbibliothek verzeichnet diese Publikation in der Deutschen Nationalbiographie; detaillierte bibliographische Daten sind im Internet über dnb.dnb.de abrufbar.

Verlag: BoD • Books on Demand GmbH, In de Tarpen 42, 22848 Norderstedt
Druck: Libri Plureos GmbH, Friedensallee 273, 22763 Hamburg

ISBN: 978-3-7597-2366-6